HERS book

ちょっとオタクな イタリア料理

パンツェッタ貴久子 *Kikuko Panzetta*

はじめに
Introduzione

「さあ、ラグーとパスタフレスカを教えるわよ！」。そう言ってマンマに起こされたのは、ジロとの結婚が決まった直後の日曜日の早朝。このときに初めて料理の手ほどきを受けました。思えばこれが私のイタリア家庭料理の原点かもしれません。その後、2年かけてイタリア全州を訪ねて各地の伝統的な家庭料理を習い、しっかり腰を据えてチーズ作りやパン・パスタ作りを習ったことも。イタリアの伝統的な家庭料理にはパワーがあります。長い間、人々の命を繋ぎ家族を繋いできたパワーです。それは各地にしっかりと根を下ろしています。イタリアは都市国家の時代が長く、一つの国としてまとまったのは1861年のこと。一つの州の中でも県ごと、いえ町ごとで異なる食文化が根付いていて奥深い。だから訪れるたびに発見や驚きがあります。ここで紹介したのはほんの一部ですが、ふと立ち止まって本来の〝食〟の豊かさを考えていただければ幸いです。そして、料理の生まれ故郷をいつか是非、訪ねてみてください。

パンツェッタ貴久子

イタリア家庭料理研究家、翻訳家／多摩美術大学日本画科卒業後、'86年渡伊。ナポリ国立カポディモンテ磁器学校で学ぶ。'88年ナポリ出身のパンツェッタ・ジローラモ氏と結婚。パンツェッタ家やイタリア各地で伝統的な家庭料理や食文化を学ぶ。ボローニャ・シミリ料理コースにてディプロマを受ける。日本での活動に対して'00年、ヴェローナ市よりジュリエッタ賞を贈られる。

Menù

5 はじめに
8 ちょっとオタクな州紹介

1 PARTE 南部

9 **カンパニア州** Campania
10 ズッキーニのパスタ
11 海藻入りツェッポレッレ
12 ムール貝の胡椒蒸し
13 シシトウのソテー
14 ナポリ風タコのトマト煮和えスパゲッティ
　　パプリカのソテー
16 ナスのスカルポーネ
17 ナポリ名物シラス焼き
18 馬車に乗ったモッツァレッラ
19 ババ

20 **プーリア州** Puglia
　　カリカリ イカ＆カリカリ タコ
22 バーリ風ティエッラ
　　菜の花和えオレッキエッテ
23 アンナ・リーザのフォカッチャ
　　カルテッラーテ

24 **アブルッツォ州** Abruzzo
25 アロスティチーニ
26 アブルッツォ風クレープのウブッセ
　　アブルッツォ風クレープのティンバッロ
27 キタッラのパプリカ・ラムソース和え

28 **カラブリア州** Calabria
　　シラスのマリネ
30 カラブリア風ポークソテー
31 カラブリア風鶏のカッチャトーラ
　　カラブリア風ポテトとパプリカ炒め

32 **バジリカータ州** Basilicata
34 西洋ワサビ入り豆のサラダ
　　ヒヨコ豆とエビ・イカのズッパ
36 詰め物入りチキンのスープ
37 ラファナータ

38 **モリーゼ州** Molise
　　ラムレッグのマリネ
40 ウサギのソースのタッコネッレ
41 スカモルツァのグリル
　　ヴィンチェンツォのブルスケッタ

42 **サルデーニャ州** Sardegna
44 ボッタルガのサルデーニャ風クロスティーニ
　　フレゴレの海の幸和え
45 セモリナ和え空豆

46 **シチリア州** Sicilia
48 ピスタチオとヴォンゴレのソース和えパッケリ
49 イワシのベッカフィーコ（ムシクイもどき）
50 カポナータ
　　ジャガイモとケイパーのシチリア風サラダ
51 ピスタチオのケーキ

2 PARTE 中部

56 **トスカーナ州** Toscana
　　ファッロサラダ
58 ポルチーニ添えタリアータ
59 カラバッチャ

60 **ラツィオ州** Lazio
61 ポテトニョッキのローマ風トリッパの煮込み和え
　　アバッキオ ア スコッタディート
　　プンタレッラのサラダ

62 **マルケ州** Marche
　　白身魚とポテトのオーブン焼き
64 アスコラ風オリーブのフライ
65 貝のポルケッタ

66 **ウンブリア州** Umbria
67 ポルケッタ
　　ドジョウインゲンのサラダ
　　レンズ豆のサラダ

3 PARTE 北部

76 **ヴェネト州** Veneto
78 ヴェネツィア風レバーソテー

79 イカの墨煮と白ポレンタ
80 アスパラガスのビスマルク風
81 ヴェネツィア風カニサラダ

82 **エミリア・ロマーニャ州** Emilia-Romagna
84 タリアテッレのボロニェーゼ
　 プロシュートとルッコラのガルガネッリ
85 ロマーニャの薔薇

86 **リグーリア州** Liguria
88 ジェノヴァペスト和えパスタ
　 ブランダクイヨン
89 ファリナータ

90 **トレンティーノ・アルト・アディジェ州** Trentino-Alto Adige
91 カネーデルリ
　 ホウレン草のスペッツレ
　 グロースツル
　 キャベツのサラダ

92 **フリウリ・ヴェネツィア・ジュリア州** Friuli-Venezia Giulia
94 ヨータ
　 厚焼きフリコ
　 薄焼きフリコ
95 カボチャのニョッキ

96 **ロンバルディア州** Lombardia
97 ゴンザガ風チキンサラダ
　 そば粉のおつまみ〝シャット〟
　 ミラノ風カツレツ

98 **ピエモンテ州** Piemonte
　 牛肉のブラサート
100 白トリュフのリゾット
　 トリュフとスクランブルドエッグ
101 トンナート（仔牛のツナソース）
　 昔風パンナコッタ

102 **ヴァッレ・ダオスタ州** Valle d'Aosta
　 ヴァルペッリーナ風スープ
104 焼きポレンタのフォンドゥータがけ
　 アオスタ風サラダ
105 ファヴォー

Dialogo
52 パンツェッタ・ジローラモさん ＆貴久子さん 夫婦対談① シチリア
68 パンツェッタ・ジローラモさん ＆貴久子さん 夫婦対談② 南部〜中部
106 パンツェッタ・ジローラモさん ＆貴久子さん 夫婦対談③ 北部

Guida
54 ちょっとオタクなイタリア料理店ガイド in TOKYO① 南部編
70 ちょっとオタクなイタリア料理店ガイド in TOKYO② トスカーナ州編
108 ちょっとオタクなイタリア料理店ガイド in TOKYO③ 北部編

Pasta
72 乾燥スパゲッティを使ったパスタレシピ5

Lista
110 20州ワイン銘品カタログ
112 ちょっとオタクな材料の作り方
114 ちょっとオタクな食材入手先リスト
116 【INDEX】こんな時は、この料理

ちょっとオタクな州紹介

南北に長い長靴形をしたイタリア。半島部分はぐるりとアドリア海、イオニア海、ティレニア海、リグーリア海に囲まれ、その付け根の大陸部分、長靴の縁にはアルプス連峰がそびえる。北部・中部・南部（かなり大雑把だが）の風土の違いは食文化にも顕著に表れている。

Nord 北部

Veneto ヴェネト州
Emilia-Romagna エミリア・ロマーニャ州
Liguria リグーリア州
Trentino-Alto Adige トレンティーノ・アルト・アディジェ州
Friuli-Venezia Giulia フリウリ・ヴェネツィア・ジュリア州
Lombardia ロンバルディア州
Piemonte ピエモンテ州
Valle d'Aosta ヴァッレ・ダオスタ州

酪農が盛んで冬の寒さが厳しい地域では、料理のベースにバター、牛乳、チーズをたっぷり使い、軟質小麦と卵を使うパスタが中心。フランス、オーストリア、スイス、スロヴェニアと国境を接する地域ではそれらの国の影響も色濃い。

中部 Centro

Toscana トスカーナ州
Lazio ラツィオ州
Marche マルケ州
Umbria ウンブリア州

山岳地帯、丘陵地帯、海岸地帯などさまざまな地形と気候が複雑に入り組んでいる。ヒヨコ豆やレンズ豆などの豆類、ハーブの栽培も盛ん。川や湖で捕れる淡水魚を使った料理も。キアナ牛、チンタ・シネーゼ豚、山岳地方のジビエ、そして栗やキノコもよく知られる。

Sud 南部

Campania カンパニア州
Puglia プーリア州
Abruzzo アブルッツォ州
Calabria カラブリア州
Basilicata バジリカータ州
Molise モリーゼ州
Sardegna サルデーニャ州
Sicilia シチリア州

地中海性気候の海岸線では漁業が盛んでボッタルガ等の加工品も有名。平野や丘陵地帯ではオリーブや果物、多彩な野菜の栽培が行われる。パスタは硬質小麦と水を使うものが主流で、食文化にはフランスやスペイン、アラブやアフリカの影響も見られる。イタリアを代表するドルチェも多数。

Campania カンパニア州

マンマや家族が教えてくれたナポリ料理は、
私のイタリア料理のルーツです

ジロ（夫・ジローラモの愛称）の故郷ナポリ。パンツェッタ家で習った料理の数々は私が作るイタリア料理のルーツといえるものばかり。「ナスのスカルポーネ」はマンマに習った大好きな料理。ナポリは野菜の宝庫で、詰め物をした野菜の料理も多く、パプリカ、トマトにズッキーニ、はてはチコリのような葉物にも詰め物をします。いろいろな味が一度に口に飛び込んでくる大好きな調理法。内陸の出身で魚介類は不得意なマンマの代わりに、魚介料理はほかの家族が教えてくれました。特にナポリ建築大学で教鞭を執っていた義兄のジーノは料理上手で、定年後はベルリンで自分の店を開いたほど。「タコのトマト煮和えスパゲッティ」も彼から教わりました。ナポリでは昔から「タコは自分自身の水で煮える」と言われ水は加えずに煮ます。ナポリの魚屋さんは魅力的で、特に旧市街のモンテサントの〝歌う魚屋さん〟は、一人が歌うと、それに応えて誰かが歌う……狭い道を挟んで歌声がナポリの狭い路地に響きあい、まるで劇場に居るように楽しくて忘れられない光景です。ピッツェリアには揚げ物がつきもので、ヴィットリオ・デ・シーカ監督の『ナポリの黄金』では、美しいソフィア・ローレンが揚げピッツァを売るちゃきちゃきのナポリ女を演じていましたっけ。

ズッキーニのパスタ
Pasta con zucchine

Campania

25年ほど前に、ソレント岬の突端にある大富豪のお宅に伺った際に習った富豪直伝のパスタ。仕上げにバターを加えるという、ナポリではちょっと変わり種ですが、ズッキーニの旨みとバジリコの風味が楽しめる爽やかなパスタ。ジロの大のお気に入りです。

●材料（4人分）	
スパゲッティ	350g
ズッキーニ	650g（約4本）
パルミジャーノ	80g
バター	20g
ペコリーノチーズ	60g
バジリコ（手でちぎる）	たっぷり
EXVオリーブオイル	1カップ
塩、黒胡椒	各適量

1. 約1cm幅の半月切りにしたズッキーニをオイルで揚げ焼きにします。ズッキーニが重ならないように広げ、強火で焼くのがポイント。軽く焼き色がつく程度に揚がったら、バットに取り出して塩を振っておきます。オイルは残しておきます。

2. ①のズッキーニにバジリコ（仕上げにトッピングする分を残しておく）と、パルミジャーノとペコリーノチーズを混ぜたものをたっぷりと振りかけ、①のオイルを回しかけたらそのままで約1時間おいておきます。タイミングを計ってスパゲッティを茹で始めます。

3. フライパンを温め、②のズッキーニを入れて軽く混ぜ合わせたら、茹で上がったスパゲッティ、バター、茹で汁少々を加えて和えます。

4. 器に盛り付けたら、黒胡椒を振りかけ、バジリコをトッピングして出来上がりです。

海藻入りツェッポレッレ
Zeppolelle con alghe

Campania

ナポリのピッツェリアでは前菜に揚げ物を出します。その代表がツェッポレッレ。近年海藻入りが流行ですが、プレーン、花ズッキーニ、シラスなどいろいろ。呼び方も人によってさまざまで、パスタ・クレシュータ、ツェッポリーネ……程よいサクサク感ともちもち感、幾つでも食べられそう。

● 材料（4〜6人分）

小麦粉（イタリア00粉※P.115参照、またはフランスパン用準強力粉）	150g
インスタントドライイースト	小さじ1/2
ぬるま湯	150ml強
生海苔	小さじ山盛り1
揚げ用オイル（ピーナツオイルなど）、塩	各適量

1. ボウルにふるいにかけた小麦粉、ドライイーストを入れ、ぬるま湯を少しずつ加えながら生地を練ります。どろどろの状態になったら塩を加えてさらに練ります。次第に生地の様子が変わってきます。

2. 生地がボウルから離れるようになってきたら生海苔を加えてさらによく混ぜ合わせます。乾燥しないようにラップ等で覆い、2時間ほど発酵させます。冷蔵庫で一晩おくとサクサク感の強い生地になります。短いともちもちの生地に。

3. 鍋にオイルを入れて中温に熱し、②の生地を練らずにスプーンですくって落として揚げます。スプーンにオイルを塗っておくとくっつきません。

4. きつね色になったら取り出し、油をきって軽く塩を振りかけたら出来上がりです。

ムール貝の胡椒蒸し
Impepata di cozze

Campania

ナポリでは山盛りで供される胡椒蒸し。ジロがナポリに帰ると必ず食べる料理の一つ。魚介類には白胡椒を使うのが一般的ですが、ムール貝、イカ、タコには黒胡椒を使うことも多いです。旨みたっぷりの美味しい汁はパンに染み込ませて全部食べるのがナポリ流。

●材料（2人分）

ムール貝	1kg
イタリアンパセリ	数本
ニンニク	2片
黒胡椒	適量
レモン	1個
EXVオリーブオイル	適量

1. ムール貝は殻をよく洗い、髭のような足糸（そくし）を引き抜いたら、表面についている汚れをタワシやナイフ等で削り落としてきれいにします。

2. 鍋に①のムール貝、ニンニク、イタリアンパセリを入れたら蓋をして火にかけます。様子を見ながら、ムール貝の口が開いたところで火を止めます。ニンニクを取り出し、黒胡椒をたっぷりと振りかけます。

3. よく混ぜ合わせたら器に盛り、パン（分量外）と搾りやすくカットしたレモンを添えます。好みで、イタリアンパセリのみじん切り、EXVオリーブオイルを振りかけたら完成です。

シシトウのソテー
Friggitelli in padella

Campania

夏の定番料理。日本では万願寺唐辛子がナポリのシシトウに近いようです。一緒に炒めるのは、ナポリの〝吊るしトマト〟の味わいに似たセミドライトマト。お皿に残ったシシトウの香りとトマトの汁が混ざったオリーブオイルはパンに染み込ませて全部いただきます。

● 材料（4人分）

シシトウ（ナポリのシシトウや万願寺唐辛子）	25～30本
プチトマト（※セミドライトマトにする）	12個くらい
ニンニク	1片
EXVオリーブオイル、塩	各適量

1. シシトウはヘタを手で外し、洗って水けをきっておきます。

2. フライパンにオリーブオイルとニンニクを入れ火にかけます。香りが出たらシシトウを加え、中火～弱火で10分ほど炒めます。

3. ②にセミドライトマトを加えてさらに炒めて塩で調味し、全体がしんなりと馴染んだら完成です。

※セミドライトマトの作り方はP.112へ

ナポリ風タコのトマト煮和えスパゲッティ
Spaghetti al sugo di polpo alla napoletana

Campania

パプリカのソテー
Peperoni in padella

こちらも夏の定番料理。ナポリのパプリカはもっともっと大きくて形もいびつ。色も赤・黄・緑が混ざっています。最後にパン粉を振りかけるのが最大のポイントで、パン粉にはパプリカの旨みが染み込み、柔らかくなったパプリカにそのパン粉が絡みついて、味わいは一層深くなるのです。

●材料（4人分）

パプリカ（赤・黄）	各2個
EXVオリーブオイル	適量
ニンニク	1片
パン粉（トーストした細かいもの）	適量
塩	適量

1. パプリカはヘタと種、内側の白い筋を取り除き、縦の細切りにします。

2. フライパンにニンニク、オイル、パプリカ、塩を入れ、蓋をして火にかけ、弱火で約20分、パプリカが柔らかくなるまでときおり揺らして、蒸気を逃さないように炒め、塩で調味します。

3. 器に平らに盛り付け、パン粉を振ったら完成。

※イタリア風パン粉の作り方はP.112へ

ジロの料理上手の兄・ジーノに習った料理。タコを柔らかく煮るために教わったポイントは、「叩く」「水は加えない」「コルクを加える」の三つ。柔らかく煮えたタコの旨みが口いっぱいに広がります。

●材料（4人分）

スパゲッティ	400g	イタリアンパセリ（煮込み用と飾り用）	適量
生ダコ（大）	足2本（中くらいなら1匹）	EXVオリーブオイル	大さじ2
トマト缶（または瓶）	2缶	塩	適量
ニンニク	1片	黒胡椒	適量

1. 生ダコは塩をつけてよく洗います（丸ごと1匹使う場合は内臓を取り出します）。まな板等の台の上にラップ（またはビニール）を被せ、タコをのせてラップをかけ（水分の飛び散り、臭いがつくのを避けられます）、めん棒やビール瓶などでよく叩いて柔らかくします。

2. 厚手の鍋に①のタコ、トマト、叩いたニンニク、オリーブオイル、黒胡椒、イタリアンパセリ数枝、あればコルクの栓を入れて火にかけます。しっかり蓋をして弱火で2時間くらい、タコが柔らかくなるまで煮ます。圧力鍋を使用する場合は40〜50分くらい。

3. 塩、黒胡椒で調味し、みじん切りのイタリアンパセリ（飾り用に少し残しておく）を混ぜます。タコを取り出して食べやすい大きさに切ったら鍋に戻して、少し火にかけます。スパゲッティ（頃合いを見て茹でておく）と和えて盛り付けます。イタリアンパセリを飾ったら完成。

ナスのスカルポーネ
Melanzane a scarpone

ナポリの詰め物料理の代表。夏の定番です。食欲がなくなる夏、パスタの後、こんなふうに野菜をセコンドとして食べることが多いのです。中身を先に食べずに、是非、器にした皮付きのナスも一緒に召し上がってください。

●材料（4人分）

米ナス	2個
ケイパー（塩漬け→水で戻す）	大さじ2
ブラックオリーブ	大さじ2
トマト	2個
オレガノ	適量
塩	適量
EXVオリーブオイル	適量
ぬるま湯	適量

1. ナスはヘタを付けたまま縦半分に切ってから、鉛筆を削るようにヘタの部分を取り除きます。ナイフやスプーンを使い、崩さないように中身を取り出したらダイス形に切ります。トマトは湯むきして種を取り除きダイス形に切ります。

2. ぬるま湯に塩を加えたボウルを2つ用意し、①のナス（皮付きの外側とダイスに切った中身）を別々に入れ、キッチンペーパーを被せてアク抜きをします。アク抜きできたらキッチンペーパー等を使い、絞るようにしっかり水けをきります。

3. フライパンにたっぷりのオイルを熱し、②のナスの皮付きの方を、形を崩さないように、凹みの部分にはオイルを入れて両面を焼いたら取り出しておきます。

4. 同じフライパンに②のナスの中身を入れて炒めます。

5. ④にケイパーとブラックオリーブの輪切りを加えて炒め塩で調味し、①のトマトを加えて混ぜたら火を止めます。

6. キャセロール等に③の皮付きナスを並べて⑤を詰め、オレガノを振って中温（180℃くらい）のオーブンで約20分焼いたら完成。

ナポリ名物シラス焼き
Frittelle di bianchetti

Campania

●材料（4人分）

生シラス	200g
溶き卵	大さじ2
小麦粉	大さじ2
白胡椒	適量
EXVオリーブオイル	適量
イタリアンパセリ（または好みのハーブ）	適量
レモン	1/2個

1. ボウルに溶き卵を入れふるいにかけた小麦粉を加えてよく混ぜ、白胡椒、イタリアンパセリもしくはハーブのみじん切りも加えて混ぜ込みます。

2. ①に生シラスを加えてよく混ぜます。

3. フライパンにオイルを入れて熱し、②を大さじ1杯ほどの分量で落として、小さなパンケーキのように焼きます。焼きすぎに注意しながら両面を焼いたら出来上がりです。

4. 熱々の③に、好みで白胡椒、レモンなどを振りかけてぱくぱく食べましょう。

馬車に乗ったモッツァレッラ
Mozzarella in carrozza

Campania

小腹が空いたときの定番、おやつや夜食として親しまれている一品です。ナポリが本場のモッツァレッラは、お豆腐同様にできたてをその日のうちに食べるのが一番ですが、この料理のように火を通す場合は、できたてよりも1日経ったもののほうが溶けやすいので向いているとされます。パンは窯焼きのどっしりして気泡の少ないカセレッチョタイプ、もしくは粘りけの少ない歯切れの良いパンで。

●材料（4人分）	
モッツァレッラ	1個
スライスしたパン	16枚
卵	2個
アンチョビ（フィレ）	適量
牛乳	100ml
塩	適量
揚げ用オイル（ピーナッツオイル等の植物性）	適量

1. スライスしたパンの半量に細かく切ったアンチョビを塗ります。モッツァレッラをスライスしてその上にのせます。それを何も塗っていないパンで挟んでサンドイッチにします。外側は削り取り、パン粉にするなどして残さずいただきましょう。

2. ①の周囲に丁寧に小麦粉（分量外）をまぶし、パンが離れてしまわないように縁にもしっかりつけます。

3. 卵に塩を2つまみ、牛乳を加えて溶いたものに②を浸します。縁にもしっかり溶き卵をつけます。

4. フライパンでオイルを熱し、③を揚げていき、きつね色になったら取り出します。

ババ
Babà

ナポリ名物のお菓子。ナポリでは、リキュール入りのシロップにたっぷり漬けたものに、さらにその場でリキュールを振りかけてくれます。お酒が弱い人は、1個食べると酔っぱらってしまうかも。私はたくさん焼いて、ババだけでなく、そのままブリオッシュとして朝食にも食べます。

1. 強力粉、溶きほぐした全卵、卵黄、グラニュー糖、イーストをボウルに入れ混ぜます。途中で塩を、硬ければ牛乳を加え、生地がボウルから離れるようになるまでよく練ります。

2. ①に柔らかくした無塩バターを加え、しっとりして薄い膜状に伸ばせるようになるまで練ります。ミキサーを使用した場合、最後は手を使い叩きつけるように練ります。覆いをして2倍に膨らむまで発酵させます（目安50分）。

3. 型にバター（分量外）を塗り、小麦粉（分量外）を振ってから、②の生地を半分くらいまで入れて再度発酵させ（40～50分）、型の縁まで膨らませます。180℃に熱したオーブンで15分ほど焼いたら型から外して冷まします。

4. 水とグラニュー糖を鍋に入れて、グラニュー糖が溶けるまで火にかけてリキュール類を加え30℃に冷まします。そこに③を浸して1.5～2倍に膨張したら絞って網にのせておきます。

5. カスタードクリームに泡立てた生クリームを加えたクレームシャンテリー（*）を作ります。④に縦の切り込みを入れて、そこに絞り入れ、チェリーをのせたら完成。盛り付けて、最後に、残った④のシロップを煮つめてかけます。

●材料（5×4.5cmの型8個分）

最強力粉1CW	125g
グラニュー糖	12.5g
塩	1.2g
全卵	1.5個分
卵黄	1/2個分
インスタントドライイースト (saf)	3g
無塩バター	63g
牛乳	13mlプラス小さじ1～2
アマレナチェリー	8個
*クレームシャンテリー	適量
〈シロップ〉	
水	500ml
グラニュー糖	300g
ラム酒	1/2カップ
リモンチェッロ	1/2カップ

Campania

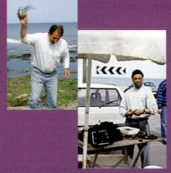

Puglia プーリア州

オリーブオイルもワインも豊富にとれる、
南イタリアの美食の土地です

イタリア留学の際、フィレンツェの学校が始まる前、南イタリアに人生初めての一人旅をしました。そのときに訪れたのが、世界遺産に登録されている伝統家屋トゥルッリで知られるアルベロベッロでした。不思議な建物が並ぶがらんとした町の様子が、子供の頃に読んだ本の中の町と重なり、デジャヴのような錯覚に陥った記憶があります。プーリアへの旅を重ねるうちに違う魅力にも触れ、その後幾度も訪れました。

赤銅色の大地に力強く根を張ったオリーブの巨木が連なる雄大な風景……。プーリアはオリーブオイルの生産量イタリア1位、ワインの生産量イタリア2位の豊かな土地なのです。また、どこまでも続く砂浜は、海の幸の宝庫の証し。11月から5月のウニの季節には、海沿いにウニの屋台が並びます。会社勤めの人も立ち寄り、スプーンですくって次々とウニを空にしていきます。そして、以前宿泊したホテルのオーナーに教わった驚きの料理がカリカリタコ！（本当の名前はくるくるタコ。polipo arricciatoです）まるでキュウリみたいにカリカリなのには本当にびっくりしました。ローマからアッピア街道を抜け辿り着く港町ブリンディシは、太古より現在までギリシャへの船の出る場所です。料理も面白いものがたくさんあります。特に私のお気に入りは、ポテト入りの分厚いフォカッチャや米を炊いたティエッラですが、ほかにも青菜のそら豆のペースト和えやオレッキエッテをはじめとするさまざまな手打ちパスタも。ジロのマンマがカンパーニャ州とプーリア州の境目あたりの出身なので、我が家のマンマの味にはプーリア風のものも幾つかあります。プーリアは尽きぬ魅力がいっぱいです。

カリカリイカ & カリカリタコ

プーリアでは昔から浜の岩場でタコやイカを足がくるくるに巻くまで洗い、それを生、または調理して食していたそう。なんとかあの味と食感を再現したいと思いついたのが洗濯機。めでたく成功しました。スミイカ、シロイカ、イイダコを使いましたが、小さめのヤリイカでもできます。

1. 小型の洗濯機に約3％の塩水を入れ、内臓、スミ袋、皮、甲、口等を外したイカとタコを投入。途中で一度水を入れ替えて、約2時間回し続けます。

2. 約2時間後に、洗濯機から取り出した様子がこちら。身がギュッと引き締まったのか、かなり小さくなります。スミイカ（右）とイイダコ（左）は足がきれいにくるりと巻かれます。

3. イカは細切りにして、EXVオリーブオイルとレモン汁で和えてから器に盛り付け、ちぎったイタリアンパセリをたっぷり散らします。タコはそのまま器へのせてレモンを添えます。各自で切り分けていただきます。塩水で攪拌したので塩は不要です。

バーリ風ティエッラ
Tiella barese

Puglia

ティエッラ（プーリアの方言でティエッダ）は〝焼き皿〟のこと。生米やパスタ、野菜、魚介や肉を一緒に焼き皿に入れていっぺんに調理する料理。バーリ風は米とムール貝、家庭によってポテトやトマトを加える、炊き込みご飯のようなプーリア独特の一皿です。

● 材料（6人分）

ムール貝	600g	ジャガイモ（キタアカリ）	中2個
アサリのむき身（あれば）	80g	オリーブオイル	適量
米	1・1/2カップ	パセリ（みじん切り）	適量
タマネギ	1個	ペコリーノチーズ	大さじ6
トマト	3個	黒胡椒	各適量
		ニンニク（みじん切り）	少々

1. タマネギは縦にスライスし、トマトも皮ごと縦にスライス、ジャガイモは皮をむいてスライスします。米は洗い水に浸しておきます。

2. ムール貝は貝殻の汚れを落とし、ナイフを使って殻をこじ開けます。身を殻の片側にまとめ、汁はこぼさないように残します。身の入った方の殻のみを使います。

3. 深めのキャセロールにオリーブオイルを塗り、具材を順に重ねます。タマネギ、ジャガイモ、トマト各1/2量、パセリ1/3量、ペコリーノチーズ大さじ2、黒胡椒、オリーブオイル大さじ2、ニンニク、ムール貝1/2量、アサリむき身1/2量、米1/2量の順に。

4. 次に、パセリ1/3量、ペコリーノチーズ大さじ2、黒胡椒、オリーブオイル大さじ2、米1/2量、その上にパセリ1/3量、ペコリーノチーズ大さじ2、黒胡椒、オリーブオイル大さじ2、ムール貝1/2量と重ねます。

5. ④の上に、アサリむき身1/2量、トマト1/2量、ジャガイモ1/2量を重ね、最後にタマネギ1/2量をのせます。米が浸るくらいの水を加え、ホイルを被せて180℃のオーブンで約30分焼き、さらにホイルを外して約30分焼きます。

菜の花和えオレッキエッテ
Orecchiette con i fiori di colza

オレッキは「耳」の意。プーリア料理にセモリナ粉の手打ちパスタ・オレッキエッテは欠かせません。肉や生ソーセージのラグーも合いますが、私のお気に入りは、菜の花とペコリーノで和えるシンプルバージョン。現地ではチーマ・ディ・ラーパというカブの花を使います。

● 材料（4人分）

菜の花	1〜2束	EXVオリーブオイル	1/4〜1/3カップ
ペコリーノチーズ	ひとつかみ	セモリナ粉	200g
黒胡椒	適量	湯	80〜100mℓ（湿度による）
		塩	適量

1. 湯を沸騰させ50℃くらいに冷ましておきます。セモリナ粉に塩少々を加えて台の上に広げたら中央に凹みを作り、そこに冷ました湯を数回に分けて加え、混ぜ合わせていきます。

2. 手のひらのつけ根の辺りを使い、力を入れて生地を引き伸ばすようなイメージで10分ほどよく練ります。時間が経つと柔らかくなるので、少し硬いかしら？ と思うくらいの硬さに。

3. 生地を適量カットして直径1〜1.5cmの太さに伸ばし、同じくらいの幅のダイス状にカット。ナイフの刃先に力を入れながらくるっと巻き付くように伸ばします。

4. ③の生地を裏返し、指に被せてぷくっとした〝耳〟（帽子のようにも）のような形にします。できあがったら、布巾の上に離して広げ、少し乾燥させます。

5. 菜の花は食べやすい長さに切ります。たっぷりの湯を沸かして塩を加え、菜の花をさっと茹でて取り出します。同じ湯にオレッキエッテを入れ、3分したら菜の花を入れて約1分、一緒に茹で上げます。

6. 茹で上がった⑤のオレッキエッテと菜の花の水けをきってボウルに移し、ペコリーノチーズ、黒胡椒、オリーブオイル、⑤の茹で汁を少し加えて和えたら器に盛り付けてテーブルへ。

アンナ・リーザのフォカッチャ
Focaccia barese di Anna Lisa

私にとってイタリアの2大フォカッチャはジェノヴァ（薄い生地）とバーリ（厚い生地）のもの。20年以上前にバーリ方面を旅したときに出合い感動したこのフォカッチャ。なかなか作りやすいレシピに出合えず、やっと出合えたのがこれ。元・『VOGUE』の記者でもあるアンナ・リーザさん直伝のレシピです。

●材料（∅24cmくらいの型、2つ分）

セモリナ粉	250g	砂糖	2g
小麦粉	250g	塩	小さじ2
ジャガイモ（インカのめざめ）	中1個	ぬるま湯	300〜350ml
EXVオリーブオイル	大さじ4	プチトマト	2〜3パック
生イースト	12g	ドライオレガノ	適量

1. ジャガイモは蒸して（茹でて）皮をむき、ボウルに入れてマッシュしたら、そこにオリーブオイル大さじ2と塩小さじ1/2を加えてよく混ぜ合わせます。

2. セモリナ粉、小麦粉、砂糖、塩小さじ1・1/2を合わせてふるい、ボウルに入れて冷ました①とイーストを加えぬるま湯を加えながら混ぜていきます（ハンドミキサーを使用してもよい）。途中オリーブオイル大さじ2を加えます。

3. ②がよく混ざって、よく伸びる状態になったら、ボウルを布巾等で覆って、2倍の大きさになるまで発酵させます（約45分）。

4. プチトマトは半分にカットし、塩（分量外）、オレガノ、オリーブオイル（分量外）を加えて混ぜます。型にたっぷりのオリーブオイル（分量外、EXVでなくてよい）を塗り、③の生地をつぶさないようにそのまま移し、手のひらで軽く押さえて、型の大きさに合わせます（型の半分の高さ）。トマトの切り口を下にして並べます。

5. 生地の端をフォークで型に密着させていきます。そのまま20〜30分発酵させ、185℃のオーブンで約40分焼きます。底がこんがりと焼ければ完成。型から出して切り分けます。

カルテッラーテ
Cartellate

プーリア州のクリスマスシーズンには欠かせない伝統的な揚げ菓子〝カルテッラーテ〟。薔薇の花のような可愛らしいお菓子は、私の大好きなお菓子の一つです。最初はサクッとした食感で、噛みしめると、甘いヴィンコットがじわっとしみ出してきます。

Puglia

●材料

小麦粉	100g	砂糖	適量
オリーブオイル	15ml	揚げ用オイル	適量
白ワイン	15ml	ヴィンコット	適量
水	15ml	（※P.115参照）	

1. 小麦粉、砂糖、オリーブオイル、白ワイン、水を混ぜて捏ねます（最初にフードプロセッサーにかけるのがお勧め）。硬ければ水少々を加えて調整。柔らかすぎると扱いにくくなるので注意を。2時間〜一晩ビニール袋等に入れ休ませます。

2. ①の生地をパスタマシンまたはめん棒で薄く伸ばしたら、波形のカッターを使って、めん棒等にあてがうなどして、まっすぐにカットします。幅2〜3cm、長さ16〜17cmの帯状にカットしていきます。

3. 帯状にカットした生地を縦半分に折るようにしながら、端から約2cmおきにしっかりとつまんで綴じていきます。綴じる間隔が狭すぎると、出来上がりの形が可愛くないので注意しましょう。

4. ③の生地を今度は渦巻き状に巻いていきます。コツは、綴じていない部分同士をつまんでくっつけるようにすること。くるくると薔薇の花のように成形していきます。

5. 揚げ用のオイルを熱して、④の生地を揚げていきます。まず、ぎざぎざの切り口の方を下にして揚げ、次に反転させて反対側も揚げます。きつね色になったらキッチンペーパーに切り口を下にして取って油をきります。

6. ヴィンコットを熱し、⑤を軽く浸し全体にまんべんなくつけます。ヴィンコットがない場合は、赤ワイン（飲み残しをストックしておくとよい）750mlに対し1/2カップのグラニュー糖を加えて、とろみがつくまでごく弱火で煮たものでも。

州都:ラクイラ

Abruzzo アブルッツォ州

昔、羊飼いが移動に使う〝羊の道〟が通っていたこの土地では、
羊料理の伝統が色濃く残っています

アブルッツォは、実は私にとって、あまり馴染み深い土地ではないのです。お隣のモリーゼには、ジロが歴史的建造物の修復の仕事のために家を借りていたのでしょっちゅう遊びに行っていたのですが……でも、雰囲気は両州よく似ている気がします。それもそのはず、二つの州は、アブルッツォ・エ・モリーゼという一つの州でしたが、1970年に分割されたのですから。
その昔、南イタリアの羊飼いは、羊の食料となる草を求めて、アブルッツォ・エ・モリーゼからプーリアまで、羊を連れて移動しました。この移動生活（トランスマンツァ）に使われた羊の道はトラットゥーロと呼ばれ、長い年月羊たちに踏みしだかれた跡を今でも見つけることができます。それはとてもかすかな跡ですが、食文化にはしっかりと残っていて、トラットゥーロに沿って伝わった素朴な羊料理は今でも引き継がれています。ご紹介する「アロスティチーニ」は、その様子が焼き鳥そっくりで驚いたのですが、専用のグリルまで似ていて、日本の焼き鳥文化がこんなところに？　と、思ってしまいました。山岳地帯では今も羊が放牧され、昔と変わらない風景が見られます。私がナポリに留学中に、ジロがモリーゼの牧場でもらい受けてプレゼントしてくれたパストーレ・アブルッツェーゼ（アブルッツォの牧羊犬）のモモは、私たちと一緒に日本へやって来て14歳まで我が家で暮らしました。アブルッツォには海もありますが、私には羊が群れる山の料理が思い出深いのです。

アロスティチーニ
Arrosticini

アブルッツォの人々の大好物、アロスティチーニ。初めて見たときは「焼き鳥？」と驚きました。ラム肉を、できるだけ同じ大きさのダイスにカットするのがポイント。最近では州外のスーパーで、既に串に刺した状態のラム肉も見かけます。親しまれている一品。

●材料

ラム肉	適量
塩、EXVオリーブオイル	各適量
ローズマリー	適量
串（長めのものがよい）	適量

1. ラム肉は一口サイズのダイスにカットします。バット等に入れて、塩を振りかけ、ローズマリー（葉の部分のみ）、オリーブオイルをかけてさっと混ぜ合わせたらしばらくマリネします。

2. ①のラム肉を串に刺していきます。肉を刺す幅はグリルや焼き網の幅に合わせましょう。最後の部分＝先端部分には脂身を使うときれいに留まります。刺し終わったら軽く塩を振りかけておきます。

3. グリルや焼き網の上にのせて、焼き鳥を焼く要領で焼いていきます。肉の脂が落ちて煙がたくさん出ることがあるので、換気にはご注意を。

4. 焦げ色がついてしっかり焼けたらお皿に盛り付けてローズマリーを添えて完成です。

アブルッツォ風クレープ

アブルッツォ風クレープ〝スクリッペレ〟は、テラモという町の伝統的料理。イタリアがナポレオンの支配下にあった時代に、アブルッツォに駐留していたフランス軍から伝わったクレープがこの辺りの料理になったと言われています。是非美味しいブロードで召し上がってください！

●材料（φ26cmのフライパンで2枚分）：小麦粉・大さじ山盛り1、卵・1個、水・卵の殻1杯分（約60cc）、塩・ひとつまみ、コーン油・適量

●作り方：水と卵を混ぜたら、ふるいにかけた小麦粉と塩を加えてよく混ぜます。目の細かいザルで漉して室温で約30分休ませます（冷蔵庫で一晩おいてもよい）。キッチンペーパーに油を染み込ませ、熱したフライパンに塗ります。クレープ液を流し入れて焼き、周囲が乾いてきたら裏返して、両面を焼きます。

アブルッツォ風クレープのティンバッロ
Timballo di scrippelle

ティンバッロとはタンバリンの意味で、タンバリン型に入れて焼き、ひっくり返した料理のことです。スクリッペレを具材とともにラザニアのように重ねて型につめて焼いて、本来はケーキのようにひっくり返して供します。ズッキーニやアーティチョークを加えても。

●追加材料 (4人分/クレープ)	
ホウレン草	1束
グリンピース	200g
茹で卵	3個
スカモルツァアッフミカータ	200g
フレッシュソーセージ	3〜5本
ラガー (市販のものでも可)	300g
パルミジャーノ、バター	各適量

1. ホウレン草とグリンピースは塩（分量外）を加えた湯で下茹でしておきます。ホウレン草は水けをきってざく切りに。

2. 長方形のキャセロールの内側にバターを塗り、クレープを敷き詰めます。

3. ①の上にラガーを敷き、皮から少しずつ出したフレッシュソーセージ、手でちぎった茹で卵、ホウレン草、グリンピース、小さなダイスにカットしたスカモルツァアッフミカータを入れます。

4. おろしたパルミジャーノを振りかけたら、クレープをのせます。同様の順に材料を入れてクレープで挟み3層にします。フレッシュソーセージは小さなミートボールでも代用できます。

5. 最後はクレープを被せて覆うようにします。その上にバターをちぎって散らし、180℃に熱したオーブンで約40分焼いたら完成です。熱々をテーブルに。

アブルッツォ風クレープのウブッセ
Scrippelle 'mbusse

Abruzzo

スクリッペレの食べ方は、ここにご紹介する2種類ですが、私は断然ウブッセ派。熱々のブロードとともに味わってください。

●追加材料 (4人分/クレープ)	
濃い鶏のブロード	600ml
パルミジャーノ	適量

1. クレープを広げて、おろしたパルミジャーノをのせたらくるくると巻いていきます。皿の一方の縁に沿わせるようにして並べます。

2. ①に、熱々のブロードを注ぎかけ、パルミジャーノを振りかけたら完成です（好みで黒胡椒を振りかけてもよい）。

キタッラのパプリカ・ラムソース和え
Spaghetti alla chitarra con sugo di agnello e peperoni

Abruzzo

アブルッツォの名物パスタといえば、ギターのように線を張った専用の道具「キタッラ（イタリア語でギターの意味）」を使って切り分けるマッケローニ・アッラ・キタッラ。ボロロンとギターをつま弾いて型から落とすと習いました。ラム肉とパプリカのソースが我が家の定番。

●材料（4人分）

ラム肉	800g
パプリカ	4個
ダイスカットトマト（缶詰）	2缶
ニンニク	1片
白ワイン	1カップ
EXVオリーブオイル	120mℓ
イタリアンパセリ（みじん切り）	適量
ローリエ	2枚
塩、胡椒	各適量
〈キタッラ生地〉	
小麦粉	200g
卵	2個（105gくらい）

1. ラム肉は適当な大きさに切り分けてから、塩、胡椒を振っておきます。パプリカは焼き網等を使って、全体に焦げ目がつくほどしっかりと焼いたら、焦げた皮をむいて種を取り除き、縦方向1cm幅くらいの細切りにします。

2. 鍋にオリーブオイルを注ぎ、①のラム肉を入れて焼き色がついたらニンニク、次に白ワインを加えてアルコール分を飛ばします。①のパプリカ、ローリエ、カットトマトを加えて弱火で約1時間、水分を足しながら煮ます。

3. キタッラを作ります。台の上で小麦粉をふるって土手を作り、中央に卵を入れフォークで周りの小麦粉を取り込みながら手早く混ぜます。スケッパー→手で捏ねたらめん棒で生地を伸ばし、キタッラ（道具）の上にのせめん棒で押さえながらカットします。パスタマシンならタリオリーニ、包丁でのカットもOK。

4. 鍋に湯を沸かして塩を加え、パスタを茹でます。②のソースは、パスタが茹で上がる10分ほど前にイタリアンパセリを加えます。

5. パスタが茹で上がったらソースと和えて盛り付けます。

州都：カタンザーロ

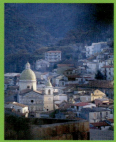

Calabria カラブリア州

イタリアで唯一、辛い料理を好む州！
毎日の食卓にも必ず唐辛子料理がのぼります

カラブリア州の州都・カタンザーロ。その起源は10世紀、ビザンティン時代に遡るという古い街並みが美しく魅力的な古都です。そして、カラブリアといえばなんといっても〝辛い料理〟でしょう。日本では辛味を効かせたイタリア料理が人気ですが、実際のところ辛い料理が苦手なイタリア人は多いのです。余談ですがニンニクも然りで「強いニンニクの香りは無理！」というイタリア人も多い。ところが、カラブリア州の人々の食卓には、いつでも甘辛交えた唐辛子を使った料理が4、5品は並びます。市場に行けば、チーズもサラミも表面に唐辛子がまぶされ、「赤いキャビア」などとも称される、イワシの稚魚に赤唐辛子と塩を加えてオイル漬けにした〝ロザマリーナ〟に、カラブリア名物のサラミ〝ンドゥイヤ〟も並び、とにかく真っ赤！ちなみに〝ロザマリーナ〟は、パスタと和えたり、パンにのせたり等々、さまざまな料理に使われ親しまれている加工品です。

一方、私の思い出の中の〝赤〟は豚の血！カラブリアの友人宅で、豚から加工品を作る作業を見学したからです。しかも3回も。毎年、暮れになると村の家々では大切に育てた豚を一頭殺して、サラミやハムなど一年分の加工品を作ります。親戚や近所の人々が順々に各家に集まって行う、年に一度の大切な共同作業です。でも、最近はイタリアでも地方の過疎化が進んでいて、このような豚の加工は次第に行われなくなっているようで残念です。

それはさておき、ご紹介する料理はどれも典型的な毎日のおかず。お皿に残った油もパンでぬぐって食べるのがイタリア流。くれぐれもパンの食べすぎにご注意ください。

ンドゥイヤ
'Nduja

元はほかで使わない内臓等の部位を混ぜた腸詰めで、起源はフランスの〝アンドゥイユ〟も同じ。赤唐辛子をたっぷり使ったサラミ。盲腸の手前のチエコという部分を使用するので一般的なサラミとは形が異なります。パスタと和えたり、ピッツァにのせるのもお勧め。※P.115参照

シラスのマリネ
Bianchetti al limone

カラブリアは柑橘類の栽培が盛んで、特にベルガモットの産地として有名。そのリキュールと、やはり生産量の多いオリーブオイル、赤唐辛子でシラスを和えたカラブリアの味が詰まった一品。万願寺唐辛子の輪切りをのせても。

●材料

生シラス（冷凍でもよい）	100g	ベルガモット	大さじ1
赤唐辛子（輪切りにする）	1～2本	レモン汁	1/2個分
EXVオリーブオイル	大さじ1	塩	小さじ1
		＊万願寺唐辛子（お好みで）	

ボウルに生シラスとすべての材料を入れて混ぜ合わせたら完成。

カラブリア風ポークソテー
Maiale alla calabrese

Calabria

カラブリアの農家で豚の加工作業を手伝った際に、まかないで食べた忘れられない料理。イタリアのフェンネルは種が小さく、そのまままぶしていました。以前、私のお店ではこれをご飯にのせた「カラブリア丼」が隠れテイクアウトメニューとして若者に人気でした。

●材料（2人分）			
豚ロース肉（薄め）	4枚	赤唐辛子	1本
フェンネルシード	大さじ1	塩、黒胡椒	各適量
チリパウダー	大さじ1	オイル	適量
		ミント、ルッコラ、ディル	各適量

1. フェンネルシード、チリパウダー、赤唐辛子（小さくカットしておく）をフードプロセッサーにかけて細かく、粉状になるまで砕きます。顔を近づけて蓋を開けると目に染みるのでくれぐれもご注意を。

2. 豚ロース肉は焼いたときに縮まないように筋を切っておきます。好みで分厚い肉を使用してもよく、その場合は筋を切るだけでなくしっかりと切り込みを入れましょう（私は薄めが好みです）。

3. ②の肉の両面に塩、黒胡椒を振りかけます。辛い料理の場合、塩はやや多めにするのが美味しさのポイント。そして、①を両面にまんべんなくまぶします。

4. フライパンにオイルをひいて十分に熱したら③を焼いていきます。両面とも色づくまで焼いたら完成です。ミント、ルッコラ、ディルを混ぜ合わせた貴久子流〝KIKKOミックス〟をたっぷりと添えて爽やかに。

カラブリア風鶏のカッチャトーラ
Pollo alla cacciatora alla calabrese

日本ではジューシーな鶏料理が好まれますが、イタリアではちょっとドライな鶏料理が好まれます。このカッチャトーラも皮がプルプルしないようにしっかりと焼き付けるのがポイント。香ばしく焼いた鶏肉を辛味と酸味で引き締めた癖になる一品。カラブリア風ポークソテーと並び、我が家の定番おかずの一つです。

●材料（4人分）

鶏もも肉（ぶつ切り）	800g	塩	適量
ニンニク	1片	ローズマリー、ローリエ	各適量
赤唐辛子	1～2本	白ワインヴィネガー	50～100mℓ
オレガノ	ひとつまみ	黒胡椒	適量
EXV オリーブオイル	大さじ2～3	レモン汁	適量

1. 鶏肉は塩、赤唐辛子、黒胡椒、レモン汁と一緒に最低一晩寝かせます。

2. 大きめのフライパンにオリーブオイルを注ぎ、鶏肉が重ならないように並べて焼いていきます。皮にしっかり焼き色がつきカリカリになるまで焼きます。

3. 油が出てきたらニンニク（叩き潰す）、赤唐辛子（カットする）、オレガノ、塩を加え（これらを油が出る前に入れると焦げる）、さらにローズマリー、ローリエ、白ワインヴィネガーを加えて20～30分しっかり焼いたら完成。

カラブリア風ポテトとパプリカ炒め
Patate e peperoni alla calabrese

カラブリアにはさまざまな種類の唐辛子があり、実際に現地で料理に使われていたのはパプリカに近い唐辛子。というわけで万願寺唐辛子とパプリカを使い、より本家に近い一品に仕上げました。カラブリア産の乾燥唐辛子、ペペローネクルスキは揚げるとサックサクで美味しい。

●材料（4人分）

ジャガイモ（メークイン使用）	5～6個	赤唐辛子	1～2本
パプリカ（赤、黄）	3～4個	EXV オリーブオイル	1/2～1カップ
万願寺唐辛子	3～4個	塩	適量
		＊カラブリア産乾燥大型唐辛子	数本

1. もし、カラブリア産の大きな乾燥唐辛子（ペペローネクルスキ）が手に入ったらA：オリーブオイルでカリカリに揚げ、そのオイルを使って料理します。手に入らない場合は、B：フライパンにオリーブオイルを注ぎ、ニンニク（分量外・叩き潰す）を加えて火にかけ、香りが立ったら赤唐辛子を加えます。

2. ジャガイモは皮をむいて5mm幅にスライスします。パプリカと万願寺唐辛子はヘタと種を取り、約1cm幅の縦方向にカットします。

3. フライパンにAを注ぐ、またはBの手順で準備したフライパンに②を入れて炒めていきます。

4. 材料を混ぜ合わせてさっと炒めたら、塩を加えて調味し、また混ぜ合わせてから蓋をして中火でしばらくそのままにしておきます。ジャガイモがおおむね柔らかくなるまで様子を見ます。

5. ジャガイモが柔らかくなったら蓋を取り、火を強くしてジャガイモに焦げ目がつくように炒めます。塩で味を調えたら盛り付けます。Aの場合はカリカリに揚げた唐辛子をちぎってトッピングして完成。

Calabria

州都：ポテンツァ

Basilicata バジリカータ州

名物はヒヨコ豆やタマネギを使った料理など、どれも農民の生活の中から生まれた素朴なものです

バジリカータ州といえば、何といっても1993年にユネスコ世界遺産に登録されたマテーラの洞窟住居群サッシ地区。初めて訪れたときにその不思議な光景に心を動かされ、それ以後幾度となく訪れました。ワイナリーのカンティーナ（ワインの地下貯蔵庫）にも洞窟が使われていて、その様子も初めて見るものでした。当時、洞窟はほとんど放置された状態で、グラヴィナ渓谷の反対側から眺めると、斜面をぐるぐると登るように洞窟住居があったことが、その真っ暗な戸口の跡から確かめることができました。これらの洞窟住居には戦後になっても暮らす人がいて、彼らは家畜と共に暮らしていたのだと聞きました。それが最近では、それらの洞窟住居がお洒落なレストランやお店になり、ホテルにまで改装され、真っ暗だった廃墟はライトアップされて、夜はまるでプレゼピオ（キリストの誕生シーンを再現した模型）のようなのだとか。是非、また訪れてみたいと思っています。

バジリカータ州の料理として思い浮かぶのは、ラガネという手打ちのロングパスタをヒヨコ豆のペーストで和えた名物料理〝ラガネ・エ・チェーチ〟、サルシッチャ、ランパショーニという小さなタマネギを使った料理……どれも、決して豊かではなかった南イタリアの農民の生活の中から生まれた素朴なものばかり。義理の母はカンパーニャ州の内陸部の出身なので、プーリア州は目と鼻の先ですしバジリカータもすぐ近く。だから、我が家の味に近い味に出合うこともしばしばです。撮影には福岡の友人が栽培するナポリの野菜をたくさん使えたのでチキンのスープはマンマの味に近い味わいになりました。

ヒヨコ豆も2種類採れます

右は一般的なヒヨコ豆、左は、バジリカータ州とプーリア州の間の限られた地域で栽培される黒ヒヨコ豆。アルタムーラ産が有名です。スローフード協会が保護する逸品。

西洋ワサビ入り豆のサラダ
Insalata di fagioli al rafano

Basilicata

伝統料理ではありませんが、バジリカータ名産の西洋ワサビを使ったサラダです。我が家のおもてなし料理の定番。西洋ワサビが大好きなのでたっぷり使いましたが旨みが際立ち美味しさもアップ。西洋ワサビの実力を見直す？一品です。

●材料（6人分）

ウズラ豆（乾燥）	150g	西洋ワサビ（おろす）	大さじ4
ピーマン（赤・黄）	各1/2個	白ワインビネガー	大さじ1
ドジョウインゲン	20本くらい	EXVオリーブオイル	1/4カップ
トレビス	1/3個	塩、胡椒	各適量
アサツキ	数本	セージ	適量

1. ウズラ豆はよくすすいで鍋に入れ、豆の3倍以上の水を注いで一晩おいて戻します。戻したら水を取り替えてセージを入れて火にかけ、沸騰したら弱火にして30分ほど煮ます。豆が指で潰せるくらい柔らかくなったら火を止めて塩を加え冷まします。

2. ドジョウインゲンは適当な大きさにカットして塩を加えた湯でさっと茹でます。ピーマンは小さなダイスにカットし、アサツキは小口切りにします。トレビスは食べやすい大きさにカットして水にさらしておきます。

3. ボウルに西洋ワサビ、ワインビネガー、塩、胡椒、オリーブオイルを入れて混ぜ、十分に水けをきった豆、ピーマン、インゲンを加え、最後に水けをきったトレビスも入れて混ぜます。盛り付けてアサツキを散らしたら完成。

ヒヨコ豆とエビ・イカのズッパ
Zuppa di ceci con calamari e gamberi

イタリア人が大好きなヒヨコ豆を使ったズッパ。ホクホクとしてほんのり甘いヒヨコ豆の美味しさを堪能できる一品。病みつきになるかも？ 今回はイタリアでも珍しいという黒ヒヨコ豆を入手したので加えてみました。黒ヒヨコ豆は日本でも購入可能ですのでお試しを。※P.115参照

●材料（4人分）

ヒヨコ豆	350g（うち、黒ヒヨコ豆50g）
エビ（車エビ）	4本
イカ（ヤリイカ）	1杯
ニンニク（みじん切り）	1片
セージ	適量
ローズマリー	適量
マジョラム	適量
塩、胡椒、黒胡椒	各適量
EXVオリーブオイル	適量

1. 2種類のヒヨコ豆はそれぞれたっぷりの水に漬けて一晩（できれば二晩）おいて戻します。すすいでから水を替えてそれぞれ鍋に入れ、ハーブ（分量外）も加えて火にかけ約1時間、豆が完全に柔らかくなるまで煮込みます。

2. ①のヒヨコ豆（白い方）のみ、約2/3の量をミキサーにかけます。ヒヨコ豆だけでは硬いので、①の豆の煮汁を少しずつ加えながら硬さを調整し、塩・胡椒を加えて調味しながら滑らかなクリーム状にします。

3. イカは内臓等を取り除いて輪切りに。エビは頭を残して殻をむき、背中に切り込みを入れます。

4. オリーブオイルとニンニクをフライパンで熱したらイカ、セージ、ローズマリーを炒め、エビも加えてさっと炒め塩、黒胡椒で調味します。

5. 鍋に②を入れて温め、残りのヒヨコ豆（2種類）も加えて混ぜ合わせます。器に盛り付けたらその上に④のエビとイカをのせ、オリーブオイルを回しかけてセージ、ローズマリー、マジョラムをあしらったら完成です。

詰め物入りチキンのスープ
Pollo ripieno in brodo

ジロのマンマ（バジリカータ州に近いカンパーニャ州内陸部出身）の得意料理。州をまたいだご馳走田舎料理！ 青菜に鶏のスープが絡んだ味わいは、東京風お雑煮そのもの。小松菜等の日本の青菜でも美味しくできますが、今回は福岡で栽培されたナポリの青菜類をたっぷり使った本格派です。

●材料(8人分)

鶏	1羽
牛挽き肉・合い挽き肉	各150g
パンチェッタ	50g
ハム	50g
卵	1個
パルミジャーノ（おろす）	大さじ3
*パン（牛乳に浸して搾る）	大さじ2
スカローラ、フリアレッリ、カボロネーロなど※P.115参照（小松菜、菜の花等の青菜で代用可）	300〜500g
プチトマト	10個
青唐辛子（小口切り）	1〜2本
塩	適量
オリーブオイル	適量

1. ハムとパンチェッタは小さなダイスにカットします。フライパンでパンチェッタを炒め、油分が出てきたらハムも加えてさらに炒め、冷ましておきます。

2. ボウルに挽き肉を入れ、完全に冷めた①とパン（*柔らかい詰め物が好みの場合のみ使用）、パルミジャーノ、卵を加えたら手でよく捏ねます。

3. 鶏のお尻の部分から②を詰めます（棒状にすると詰めやすい）。詰め終わったらお尻を料理用の糸（または凧糸）で縫って閉じます。竹串でも代用可。

4. 鍋に③とひたひたの水、塩（小さじ1）を入れて最初は強火で、煮立ったら弱火にして約1時間半煮込みます。

5. 別の鍋に湯を沸かし、塩少々を加えて青菜類を茹でます。プチトマトは半分にカットし、低温のオーブンで乾燥させておきます。

6. ④の鶏を煮込んだスープの半量を別の鍋に移し、⑤の青菜、トマト、オリーブオイル、最後に青唐辛子を加えて煮込みます。それを器に注ぎ④の鶏をのせます。各自取り分けたら熱くした④の別の鍋に移した残りのスープとオリーブオイルをかけていただきます。

ラファナータ
Rafanata

バジリカータでは、山に自生しているという西洋ワサビ＝ラファノをたっぷりと使った、シンプルな農民の料理。今回の生地にポテトやパンを加えたもの、同じ生地を揚げたものもあります。西洋ワサビが爽やかな味わい。

●材料(3〜4人分)

卵	4個	西洋ワサビ	30g
ペコリーノチーズ	60g	ラード	10g
サルシッチャ	1本	塩	適量

1. 西洋ワサビは皮をむいてざく切りにし、フードプロセッサーを使いおろします（手でおろしてもよい）。

2. ボウルに卵、西洋ワサビ、おろしたペコリーノチーズを入れてよく混ぜ合わせます。

3. ②にサルシッチャを少しずつ絞り出し、小さくちぎって加えます。よく混ぜ合わせたら塩で調味します。ペコリーノチーズの塩気があるので塩加減に注意しながら加えてください。

4. 直径15〜18cmくらいのケーキ型、またはキャセロールにラードを塗り、③を流し入れます。

5. 予め200℃に熱したオーブンで20〜30分、表面がきつね色になるまで焼いたら完成です。型から取り出して切り分けテーブルへ。

Molise モリーゼ州

ジロや愛犬モモと過ごした思い出の村では1カ月、チーズ作りの修業をしたことも

私がナポリに留学していた当時、ジロは建築家のお兄さんとともに南イタリア大地震で崩壊した建築物の修復作業に携わっており、アルタ・モリーゼを中心に仕事をしていました。ナポリは決してストレスのない街ではなかったので、私は時々学校を休んで、ジロが山の集落に借りていた家に引きこもり、日がな一日愛犬モモとの山歩きと薪ストーブの火起こしをして過ごしたものです。食事は決まって近くのヴァストジラルディ村の「ラ・タベルナ」という食堂に。シェフのヴィンチェンツォの料理はシンプルで美味しく、小さな村だったにもかかわらず、ローマやナポリからも評判を聞きつけたお客が来るほどでした。当時私はまだ20代、ヴィンチェンツォの店で初めて、よく焼いたラムの美味しさやジビエと内臓料理の味、作りたてのボッコンチーニやトレッチャなどのチーズを知りました。結婚して日本に帰った後、一念発起してこの村にチーズ作りを習いに行きました。村中が雪に埋もれる季節で、毎朝の雪かきが私の最初の仕事。搾りたての牛乳でチーズを作り、その合間にスキー用ブーツにウォークマンという出で立ちで、30分あれば一周できる村を歩き回った思い出があります。ほんの1カ月ほどでしたが、今までの人生であんなに深く周囲の人と関わった記憶はありません。

ラムレッグのマリネ
Cosciotto d'agnello marinato

モリーゼの山中にはかつてプーリアからアブルッツォまで羊飼いたちが羊に食べさせる草を求めて旅をした羊道（トラットゥーロ）が残っています。その羊道に沿って羊道料理とも言うべき羊料理があり、ほとんどは野宿しながら作ることができる細切り肉の料理。でも長旅の後、家ではこんなご馳走を食べたのかもしれません。

●材料（4人分）

ラムレッグ	2kg前後のもの1本	ミントの葉	ひとつかみ
レモンの皮（おろす）	3個分	湯	適量
ジュニパーベリー（潰す）	3粒	〈マリネ液〉	
薄切りパンチェッタ	200g	タマネギ（みじん切り）	1個分
塩、黒胡椒	各適量	レモン汁	3個分
EXVオリーブオイル	適量	赤ワインヴィネガー	大さじ2
無塩バター	15g	EXVオリーブオイル	1/2カップ

1. マリネ液にラムレッグを漬け、覆いをして約8時間、途中で何度か返しながらマリネしたら取り出して水分を拭き取ります。マリネ液はあとで使うため、とっておきます。

2. 大きなフライパンにバターとオリーブオイルを熱し、表面に焦げ色がつくよう①のラムレッグを強火で焼きます。

3. 大きなバットに塩、黒胡椒、ジュニパーベリー、レモンの皮を敷きます。②のラムレッグを、表面の油を拭き取ってからその上にのせ、転がしながら全体にまぶします。その上にパンチェッタをのせたら数カ所を凧糸で結んで留めます。

4. ラムレッグを漬けた①のマリネ液を鍋で軽く熱します。オーブンの天板に③のラムレッグをのせたらその上にかけて、アルミホイルで覆い、180℃に熱したオーブンで約2時間、途中でマリネ液を混ぜて肉にかけながら、焼き具合を確認しつつ焼きます。

5. ④のアルミホイルを外し、肉を裏返してマリネ液をかけて15分ほど焼きます。焼きあがったら取り出して、余熱で肉の内部まで火を通します。そのあと、凧糸とパンチェッタを外し、写真のようにして肉をそぎ切りにし、器に並べていきます。

6. ⑤で外したパンチェッタをざく切りにし、天板に残っている汁、少量の湯、塩、ミントの葉とともにミキサーにかけてクリーム状にします。それを⑤の肉の上にかけて、ミントの葉を散らしたら完成です。

ウサギのソースのタッコネッレ
Tacconelle al ragù di coniglio

イタリアでは昔、パスタ打ちは女の仕事と決まっていました。私とジロがよく通っていた食堂「ラ・タベルナ」でも、シェフのヴィンチェンツォのマンマか奥さんがパスタ打ち担当。タッコネッレは中でも一番簡単なパスタ。本来、野ウサギ（レープレ）を使いますが手に入れやすい家ウサギ（コニーリオ）でも美味しくできます。

●材料（4人分）

ウサギ	1羽	白ワイン	1カップ
鶏のレバー	1羽分	パッサータ（裏ごし水煮トマト）	400ml
タマネギ（みじん切り）	大さじ3	ブロード	適量
ニンジン（みじん切り）	大さじ2	塩、白胡椒、小麦粉	各適量
セロリ（みじん切り）	大さじ2	タッコネッレ	セモリナ粉200g分
バター	50g	セージ、ローズマリー	各適量
生ハム	100g	EXVオリーブオイル	適量

1. ウサギは頭を落とし、脂を取り除いてよく洗います。骨に注意しながら食べやすい大きさにカットします。

2. ①に塩、胡椒して小麦粉をまぶしたらオイルを熱した鍋で表面がきつね色になるまで、中火から強火で焼きます。

3. フライパンにバターを溶かしてタマネギを炒めます。ニンジンとセロリも加えてよく炒め、みじん切りにした生ハムも加えます。

4. フライパンの中央を空けて、そこに水洗いしてみじん切りにしたレバーを入れて炒め、色が変わったらほかの具と混ぜます。

5. ②の鍋に④を加えたら、みじん切りにしたセージとローズマリー、塩、白胡椒を加えて混ぜ合わせ、さらに白ワインを注いだら数分間、アルコール分が蒸発するまで軽く煮込みます。

6. パッサータを注ぎ、さらにブロードをひたひたに加えて強火に。沸騰したら弱火にしてアクを引き、蓋をして水かブロードで水けを調整しながら1時間ほど煮込みます。

7. ⑥の鍋のソースの部分を使ってタッコネッレを和えて、肉とともに盛り付けます。

※タッコネッレの作り方はP.113へ

スカモルツァのグリル
Scamorza alla griglia

現地ではスカモルツァを縦半分に切って網に挟んで炭火焼きにします。最高に美味しい食べ方です。日本では未熟成のカチョカバッロで作ってもよいでしょう。イタリアではカチョカバッロを数カ月から数年熟成させて食べるのが一般的です。

●材料（人数に合わせて用意）

スカモルツァ（カチョカバッロでもよい）

1. スカモルツァチーズは半分にカットします。現地では網で挟んで焼きますが、フライパンでも美味しくできます。熱したフライパンに直接のせます。

2. 強火で外側をこんがり焼いたら、火を弱めて中は温まる程度に焼きます。完全に溶けてしまわないように注意します。熱々を器にのせたらテーブルへ。

ヴィンチェンツォのブルスケッタ
Bruschetta di Vincenzo

Molise

大きなお腹のシェフ・ヴィンチェンツォ一人でいっぱいになる食堂「ラ・タベルナ」の小さな厨房。ブルスケッタはその脇にある炭火グリルで焼いてくれます。ある日、彼の思いつきでトレビスをたっぷりのせてくれたので彼の名前をつけました。山の村では珍しい野菜料理です。

●材料（人数に合わせて用意）	パルメザンチーズ
パン（もちもちしていないタイプ）	塩
ニンニク	黒胡椒
トレビス	EXVオリーブオイル

1. ボウルに水を入れたら、トレビスをバラの花びらのように小さめにちぎって浮かべていきます。

2. チーズも小さめに削り、水けをきったトレビスと混ぜ合わせたら、塩、黒胡椒、オリーブオイルで調味します。

3. パンは好みの大きさにスライスしたら、グリルパンをよく熱して焼き、しっかりと濃いめの焦げ目をつけます。

4. パンの表面にニンニクのスライスをこすりつけ、オリーブオイルを塗ったら②をたっぷりのせます。

Sardegna サルデーニャ州

料理から手工芸品まで、本土とはまたちがった
独特な文化が根付いています

地中海に浮かぶサルデーニャ島はイタリアでは2番目に大きな島です。海に囲まれていますが放牧が盛んで〝羊飼いの島〟と呼ばれます。地中海覇権の要所としてさまざまな民族が海から進入してきたという歴史から、人々の生活の中心は海よりも内陸部に置かれたそうです。羊乳で作るチーズ、特にペコリーノ・サルドは有名で、これに生きたウジ虫！が入った独特のチーズ〝カス・マルツ〟（通称・虫のチーズ）を見たことがありますが、まるで炭酸の泡のように無数の小さな虫が飛び跳ねていて驚きました。現在、販売は禁止されているそうです。

名物の紙のように薄いパン〝カラサウ〟は、その昔、羊飼いが畳んで持ち歩けるようにと作られたのだとか。「広げて焚き火にかざし、シチューなどを入れて食べられる皿のようにした」という話も聞いたことがあります。伝統的な手打ちパスタ、パン、菓子すべてが独特で、手の込んだ美しいものが多いのも特徴。乳飲み仔豚を串に刺し炭火で約4時間、ミルトの葉等で香りをつけながらゆっくりと焼き上げるサルデーニャ名物の仔豚の串焼き〝ポルチェッドゥ〟は、お祝いの席には必ず登場する料理。パリパリの皮に柔らかい肉がたまりません。また、サルデーニャでは外海よりも、湾や潟の海の幸が好まれ、ボラの卵巣を塩漬けにして熟成させた「ボッタルガ」は日本でも有名です。そして、ワインはカンノナウ、ヴェルメンティーノなど、土着品種のブドウを使った上質なものが多く、我が家で最も飲むのはサルデーニャ産かもしれません。今や大変貴重なコルクも島の特産品。手工芸も盛んで、籠や刺繍も素敵です。独自性が保たれたサルデーニャの文化は興味深く刺激的。

サルデーニャ料理で使う食材

ブルグール（粗びきのセモリナの代用）

硬質小麦（デュラム小麦）から作る食材。小麦を蒸した後に乾燥させ、それを粉砕させたもの。小麦ふすま（外皮）が含まれるので食物繊維や鉄分、カルシウム等の栄養成分が豊富。温かい料理にも冷たい料理にも使えます。

フレゴレ

あられ状の小さなパスタ。硬質小麦粉（セモリナ）と水で小さな粒状にして、乾燥させた後でローストしたもの。そのためか、日本のあられのような独特の香ばしさとプチプチした食感が特徴です。

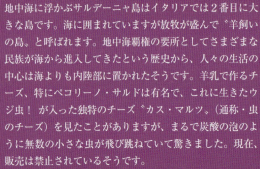

ボッタルガのサルデーニャ風クロスティーニ
Crostini con bottarga

サルデーニャ名物、ボラのボッタルガをたっぷり使ったクロスティーニ。ボッタルガはサルデーニャ島でも特にカブラス産が上質とされます。口溶けのよいパンをカリッと焼き、贅沢にボッタルガを塗って……口いっぱいに海の香りが広がります。

●材料（2人分）

ボッタルガ※P.115参照	1/2本
水	適量
イタリアンパセリ	適量
EXVオリーブオイル	適量
パン	薄めのスライス4枚
ニンニク	1/2片

Sardegna

1. ボッタルガは薄皮をむいてからチーズおろし器で細かくおろします。それをボウルに入れ、そこに水、イタリアンパセリ、オリーブオイルを加えて、滑らかなソース状になるようによく混ぜ合わせます。

2. パン（歯切れのよいもの）は5mm程度の薄切りにし、予熱をしないオーブンを中温（180℃くらい）に設定して約10分、薄く色づき、カリカリの状態になるまで焼きます。

3. パンの表面にニンニクをこすりつけ、①のソースをたっぷりと塗ります。

4. ③で完成。このままが一番お勧めですが、菜の花（茹でてからオリーブオイル、ニンニク、唐辛子で炒め煮にする）、トマトコンカッセ（トマトの皮をむき、種を取ってみじん切りにして塩を振る）を添えると春らしく華やかに。

フレゴレの海の幸和え
Fregola con pesce misto

セモリナ和え空豆
Fave con semola

イタリアでも空豆は春の訪れを告げる野菜の代表。ローマではメーデーに食べる生の空豆とペコリーノチーズは欠かせません。セモリナ粉との組み合わせは友人が作ってくれたものを真似ました。粗く叩いたセモリナとよく馴染み、ミントやレモンの香りも爽やかな一品です。

Sardegna

●材料（2人分）

空豆	さやから出した状態で200g
スペアミント	1枝
タマネギ	1/8個
ブルグール（粗びきセモリナの代用）※P.115参照	40g
ペコリーノ・サルド	適量
レモン	適量
EXVオリーブオイル	適量
塩、黒胡椒	各適量

1. 空豆は薄皮をむきます。

2. フライパンにオリーブオイル、タマネギ（みじん切り）、塩少々を入れて火にかけ、タマネギが透明になるまで中火で加熱。そこに空豆と水少々を加え空豆に火が通るまで、水がなくなったら足しながら炒めます。

3. ブルグールは下茹で（約8分）をしておきます。

4. ②に水けをきったブルグールを加え、全体が馴染むまで加熱します。

5. レモン汁、塩と黒胡椒で調味して器に盛り付けたら、削ったペコリーノ・サルド、ちぎったスペアミント、レモンを添えます。

魚介とトマトの旨みがしみ出した美味しい煮汁を、たっぷりと吸い込んで封じ込めたフレゴレ。焦げ目の香ばしさが決め手です。サルデーニャでは、特産物の伊勢エビを使うこともあるそうです。

●材料（2人分）

アサリ、ハマグリ	合わせて400g	プチトマト	20個くらい
白身魚	1切れ	ズッキーニ	1/2本
エビ（ボタンエビが好ましい）	2尾	バジリコ	適量
イカ（スルメイカ等、小さめ）	1杯	フレゴレ※P.115参照	120gくらい
ニンニク	1片	EXVオリーブオイル	1/2カップ
イタリアンパセリ	適量	水	適量
		塩、白胡椒	各適量

1. 鍋に貝類とイタリアンパセリ1枝、水1カップを入れて火にかけ、蓋をして殻が開いたものから取り除きます。

2. 飾り用を残して殻と身を分け、汁は漉しておきます。フレゴレは塩を加えたお湯で下茹で（約10分）しておきます。

3. フライパンにオリーブオイル、叩いたニンニク、半分にカットしたプチトマト、塩少々を入れて火にかけ、蓋をして15分ほど、ときどきかき混ぜながら、ソース状になるまで加熱します。

4. ズッキーニは薄くスライスし、少なめのオイルで揚げて油をきります。白身魚はダイスにカット、エビは縦に切り込みを入れます。イカは内臓と足を引き抜き、皮をむいて輪切りに、肝と切り離した足もカットします。

5. ③に貝の汁、パセリのみじん切りを入れ沸騰させ、魚を入れて魚の色が変わったらイカとエビを加えて沸騰させフレゴレを加えます。

6. 水分が不足したら足し、ズッキーニ、貝類、ちぎったバジリコを加え、塩と白胡椒で調味したら盛り付け、パセリ、バジリコを散らします。

州都：パレルモ

Sicilia シチリア州

地中海の中心にあり、さまざまな民族に支配されてきた島
食文化にもその影響が色濃く残っています

シチリアには結婚前、ナポリに住んでいた頃に伝統菓子の〝カンノーリ〟を食べによく通いました。ナポリでも食べられますが本場の〝カンノーリ〟は格段に美味しい。ジロの友人がシチリアのラグーサ出身なので、彼の家に遊びに行き、いろいろなことを教わり、たくさんの興味深い場所も訪れました。地中海の中心にあるシチリアは、戦略的に重要な拠点になることからさまざまな民族に支配されてきた島です。ギリシャ、アラブ、フランス、スペイン……食文化にもその影響は色濃く残っています。食材、香辛料、加工品、そして料理そのもの等々、バラエティ豊かなシチリアの食文化からは、島の歴史も垣間見えて、とても興味深いものです。

特産物も豊富で、ジャガイモのサラダに使用した、イタリア料理に欠かせないケイパーもその一つ。ケイパーはイタリア語でカッペリ。シチリアはカッペリの産地で特にパンテッレリーア島が有名ですが、エオリエ諸島のサリーナ島もカッペリだらけ！ 畑だけでなくあちこちに自生していて驚きました。日本では酢漬けが一般的ですがイタリアでは塩漬けが主流。シチリアのホテルのオーナーに教わったカッペリのパスタは我が家の定番です。ナッツを入れるパスタソースもシチリアで知りました。アーモンド、ピスタチオの名産地ならでは。アーモンドのパスタもとても美味です。

そして、シチリアはオレンジの島と言ってもいいくらい、たくさんのオレンジが収穫されます。国道沿いには、オレンジを売るトラックがあちこちに見られます。タオルミーナの辺りではクリスマスにオレンジを飾るのだそうです。開花の時期に南東部を車で走ったとき、花の香りに包まれてとても幸せな気持ちになったことを思い出します。

魚介もデザートも彩り豊かで、シチリアはいつもワクワクさせてくれます!

ピスタチオとヴォンゴレのソース和えパッケリ
Paccheri alle vongole e pesto di pistacchio

シチリアのカターニャ地方ブロンテ産のピスタチオはイタリアでも最高級とされています。カターニャの先生に習ったピスタチオのパスタを、シチリア出身の料理人の友人を真似てアレンジ。生クリームを加えてちょっとリッチなパスタに。パスタはリガトーニやペンネでも美味しくできます。

●材料（4人分）

パッケリ（乾燥パスタ）	320g
ピスタチオ	1カップ
グレープシードオイル等の香りの軽いオイル	1カップ
生クリーム	40〜50ml
アサリ	300gくらい
イタリアンパセリ	適量
ニンニク、塩、白胡椒	各適量
水（アサリ、パスタ用）	適量

Sicilia

1. ピスタチオ（飾り用に少量取り分けておく）、グレープシードオイル、塩少々を一緒にミキサーにかけます。おおかた細かくなったところに生クリームも加え、完全に滑らかなクリーム状になるまでしっかりと混ぜ合わせます。

2. アサリは、少々の水とイタリアンパセリ一枝とともに鍋に入れたら蓋をして火にかけます。口が開いたら汁を漉し、飾り用（半分くらい）を取り分けておき、残りは殻から身を外します。

3. パッケリは8%の塩を加えたたっぷりの湯で茹でておきます。

4. フライパンに②のアサリの汁（必ず味をみて、塩辛い場合は適量使用）とニンニクを炒め、ニンニクは取り出します。

5. ①、茹でたパッケリ、アサリの身を④に入れ、よく和えます。白胡椒で香りをつけたら完成。仕上げに半分にカットしたピスタチオを散らします。

イワシのベッカフィーコ（ムシクイもどき）
Sarde a beccafico

ベッカフィーコは、イチジクを食べるシチリアの野鳥で日本名はムシクイ。その姿と詰め物をして巻いた形が似ていることからこの名が付いたそうです。本来はインヴォルティーニ（巻物料理）と呼ばれ、カジキやマグロ、豚肉でも作られます。

●材料（4人分）	
イワシ	8尾
オリーブオイル	適量
イタリア風パン粉（※作り方はP.112へ）	適量
塩	適量
ローリエ	9枚
オレンジ	適量
〈詰め物〉	
タマネギ（みじん切り）	1個分
パン粉	大さじ3
アンチョビ	2〜3枚
パセリ（みじん切り）	大さじ1
サルタナレーズン（水に浸して戻す）	大さじ1
レモン汁	大さじ2
オレンジ（またはブラッドオレンジ）の絞り汁	大さじ2
EXVオリーブオイル	適量
塩	適量

1. イワシは頭を落とし手開きに。よく水洗いしてしっかり水けを拭き取ります。

2. 詰め物を作ります。タマネギをオリーブオイルで炒め、透明になったらパン粉以外の材料を加えて馴染むまで炒め、塩と酸味を調節します。

3. 火を止めてからパン粉を加えてよく混ぜ合わせたら冷ましておきます。

4. ③をざっと8等分にしてから、①のイワシの身のほうにそれをのせてくるりと巻き込んでいきます。最後、尻尾の付け根の部分に爪楊枝を刺して留めます。この形が〝ベッカフィーコ〟似です。

5. キャセロールか耐熱皿にオリーブオイルを塗りイタリア風パン粉を撒き、その上に④をローリエを間に挟みながら並べ、上からオリーブオイルをかけて、軽く塩を振ります。

6. 180℃のオーブンで約20分焼き、竹串を刺して火の通りをチェック。カットしたオレンジを周囲に飾ったら完成です。

カポナータ
Caponata

カポナータの定義は甘酢味に仕上げること。ひとくちにカポナータといっても、パレルモ風、カターニャ風、アグリジェント風などなど、それぞれの地方で少しずつ違いがあるそう。私が作る、トマトソースで染めないスタイルはメッシーナ風だとか。

●材料 (4人分)

ナス	5〜6本
プチトマト (※セミドライトマトにする)	20個くらい
セロリ (芯に近い部分)	2〜3本
グリーンオリーブ	15〜20個 (種を抜く)
サルタナレーズン	大さじ1 (水に浸けて戻す)
松の実	大さじ1.5
塩漬けケイパー (1時間ほど水に浸け塩抜きする)	大さじ1
赤ワインヴィネガー	大さじ2〜3
バジリコ	好みで
タマネギ	1/2個
オリーブオイル	適量
砂糖	小さじ1/2
植物オイル	適量
ニンニク	1/2片
塩	適量

1. ナスは皮をむかずに大きめのサイコロにカットします。
2. フライパンにオリーブオイルと植物オイル (私はピーナッツオイルを使用) 半々を入れて熱し、水けを拭いたナスを入れて揚げ、オイルをよくきります。
3. セロリをマッチ棒のように、タマネギはみじん切りにします。
4. 大きめのフライパンにオリーブオイルを注ぎ、ニンニクとタマネギを炒め、透明になったらセロリを加えます。
5. フライパンの中央を空けて松の実、レーズン、オリーブ、ケイパー、セミドライトマトを加えて炒め合わせます。
6. ⑤に赤ワインヴィネガーと砂糖を加えて馴染ませます。
7. ①のナスを入れてさっと炒め合わせます。塩で調味して火を止めます。
8. あら熱が取れたらちぎったバジリコを混ぜます。型 (ボウルや器でもよい) に入れて成形して盛り付けたら、オリーブやバジリコを飾ります。

※セミドライトマトの作り方はP.112へ

ジャガイモとケイパーのシチリア風サラダ
Insalata siciliana di patate e capperi

シチリアでもケイパーの産地、サリーナ島で教わった、爽やかなサラダ。

●材料 (4人分)

ジャガイモ (メークイン系と男爵系を取り混ぜて)	3〜4個
赤タマネギ (みじん切り)	1/3個分
塩漬けケイパー	100g
白ワインヴィネガー	大さじ2
EXVオリーブオイル	1/3カップ
塩	適量
ミントの葉	10枚

1. ジャガイモは皮をむいて2cm角にカットします。
2. 鍋に湯を沸かしジャガイモを茹で、柔らかくなったら水けをきり、再度火にかけて水けを飛ばします。
3. 赤タマネギ、ケイパー (水に浸け塩抜きする)、ヴィネガー、オリーブオイルを混ぜてジャガイモと和え、塩で調味し、冷めたらちぎったミントの葉を加えます。ジャガイモは少し煮崩れた方が味が絡みついて美味しいので、あえてメークイン系と男爵系を混ぜて使用。

ピスタチオのケーキ
Torta al pistachio

ナッツの中で最も高価なピスタチオをふんだんに使った、素朴だけれど〝贅沢〟なトルタ（ケーキ）です。独特のグリーンの美しさも特徴。ピスタチオ味がとても濃厚なので、華やかな酸味のあるラズベリーソースを添えてみました。色もきれいです。

● 材料（直径22.5cmの型1個分）

小麦粉	大さじ3
ベーキングパウダー	小さじ1
卵	5個
グラニュー糖	170g
ピスタチオ	200g
塩	適量
ラズベリー	400g
グラニュー糖	50g
グラッパ	大さじ1/2

1. オーブンを170℃に温めておきます。

2. ピスタチオ（飾り用に少量残しておく）はフードプロセッサーを使ってパウダー状にします。

3. ボウルに卵黄とグラニュー糖（半量）を入れてもったりするまで泡立て、②のパウダー状のピスタチオを加えます。

4. ③のボウルにふるった小麦粉とベーキングパウダーを加えて混ぜます。

5. 別のボウルに卵白と塩少々を入れて泡立てます。六分くらい泡立ったところでグラニュー糖（残りの半量）を加えてしっかりと泡立てます。

6. ④のボウルに、泡立てた⑤の卵白を加えて、ゴムべら等を使ってさっくりと切るように混ぜ合わせます。

7. 型にバター（分量外）を塗り、小麦粉（分量外）をまぶし、⑥の生地を流し入れます。

8. オーブンに入れて、170℃で30〜40分焼きます。串を刺してスッと抜けるようになったらオーブンから出してあら熱を取り、型から出して網の上で冷まします。

9. ⑧に粉砂糖（分量外）、みじん切りのピスタチオを振り、ラズベリーソース（※）を添えます。

※ラズベリーソースの作り方：鍋にグラッパとグラニュー糖を入れて火にかけてアルコールを飛ばし、グラニュー糖が溶けたらラズベリーを加えて冷まし、ミキサーにかけます。

1 Dialogo

パンツェッタ・ジローラモさん&貴久子さん　夫婦対談①

「シチリアでは初めて出合う料理に驚かされっぱなしでした！」

ジロと私の思い出深いイタリアの土地と言えば、やっぱりナポリですが、他の土地にもいろいろと旅行などで一緒に訪れました。この本で紹介している郷土料理に出合えたのも、旅のおかげ。そしてジロのおかげ(!?)。ここからは私たちの思い出話にお付き合いくださいませ。

パンツェッタ・ジローラモさん

1962年生まれ。ナポリ出身。ナポリ建築大学在学中より、主に政府からの依頼による歴史的建造物の修復に携わる。'88年より日本在住。明海大学卒業後、NHK教育テレビ「イタリア語会話」をはじめ、タレントとして活躍。2006年、イタリアより騎士の称号「カバリエレ～イタリア連帯の星勲章」を贈られる。

♥**貴久子さん**（以下、**貴久子**）「私たちの故郷・ナポリを飛び出してさまざまな土地を旅してみると、同じイタリアなのに知らなかった、たくさんの伝統料理に出合えたのは驚きだったし、その作り方を教えてもらうのも楽しかった」

◆**ジローラモさん**（以下、**ジロ**）「たくさんの料理とワイン、そして人との出会いがありましたね。シチリアはすぐ近くなのに初めて食べる料理がいろいろあった。20年くらい前だけど、驚いたのはトラパニで食べた〝クスクス〟。ナポリにはなかったし。アフリカから伝わったものですね。魚の出汁？　で食べたでしょう」

♥**貴久子**「そうそう、目の前に海が広がるリストランテで食べましたね。しかも、魚介は一切のってなくて、魚介のスープに浸して食べるトラパニ地方独特の食べ方だった」

◆**ジロ**「とても美味しくて香りもよかった。でも、あれきり行けてないですね。行きたいなあ」

♥**貴久子**「私は……料理教室の生徒さんたちと一緒にあの後、2回行ったの。昨年、山の上にあるエリチェに行ったら眼下にトラパニの街が見えて、その店も確認できましたよ」

◆**ジロ**「わあ、いいですね。そういえば塩田にも行きましたね。ちょうどピラミッドみたいに塩が積み上げられてました」

♥**貴久子**「ジロさん、登ったでしょう（笑）」

◆**ジロ**「あはは、登った。登っていいと言われたからね。キッコ（貴久子さんの愛称）も登ればよかったのに。塩の山は、シチリアの塩のパッケージにも使われてるモチーフです」

♥**貴久子**「あと、同じ〝カンノーリ〟でもナポリとシチリアではぜんぜん違うでしょう」

◆**ジロ**「シチリアでは羊の乳から作るリコッタチーズを使っているから濃厚で凄く美味しい。香りも違う。カンノーリを食べるためによくシチリアに行きましたね」

♥**貴久子**「行きました。〝カッサータ〟もシチリアの方が美味しいでしょう」

◆**ジロ**「でも、シチリアでもちゃんと作ってる店に行かないとだめ。シチリアのカンノーリは濃厚だから、たくさんは食べられないけど」

♥**貴久子**「え～、2本ぺろりと食べてたじゃない（笑）。まあ、今は無理かも」

◆**ジロ**「昔、カラブリア出身の友達の実家に泊まったときに、朝ごはんに生のシラスが出てきて、上に唐辛子をのせてオリーブオイルをかけて食べたのにも驚きました」

♥**貴久子**「この本では生のシラスを、カラブリア産のベルガモットとレモン汁とオリーブオイルで和えるマリネを紹介してます」

キッコの作る料理はどれも美味しいんですよ

ジロさんは甘いものも大好きなんですよね。あとつまみ食いも（笑）

トラパニにある海に面したリストランテにて。下左・魚介の旨みたっぷりのスープをかけて食べるトラパニ風のクスクス。下右・ジロさん、クスクスと初対面の笑顔。

雪山の前のジロさん？ いえいえ、約2000年前のフェニキア人による製法を引き継ぎ塩が作られているというトラパニの塩田です。秋になるとピラミッドにはテラコッタが被せられて一冬越すことでえぐみが取れてまろやかになるとか。トラパニ産の天日塩はミネラルも旨みもたっぷり。

シチリアのモディカにある「アンティーカ・ドルチェレリア・ボナイウート」。伝統的な製法で作られるチョコレート（写真一番下）が有名。写真（上から3番目）は昔のチョコレート作りの様子を伝える人形。20年くらい前に訪れたときは日本ではまったく知られていない店でしたが、今や日本で開催されるイタリア物産展の常連です。

カラブリアだとマンダリンの〝グラニータ〟が美味しい」

◆ジロ「キッコの方が詳しいね！」

♥貴久子「シチリアだとアーモンドやスイカのグラニータがお勧めです」

◆ジロ「ナポリでも魚は豊富で美味しいし、海辺にはシーフードの店もたくさんあるけど、すべての店が美味しいわけじゃない。この間ナポリでエビを食べたら、強烈な海の味がしたんですよ。で、ぴんと来た。冷凍のエビを海水で解凍して海の香りをつけたんだなと」

♥貴久子「夏場は魚があまり捕れないから別の場所で捕れた魚介を冷凍して運んだものを使うのね。メニューには冷凍マークを付けてお客さんに知らせてる」

◆ジロ「そこの人は冷凍じゃないと言ってたけど、私は日本でいろいろ食べたことで魚介の美味しさがよくわかるようになった。日本で食べるプリプリした新鮮なエビとは明らかに違ってましたからね。そういう店もあるので皆さん、注意しましょうね！」

♥貴久子「確かに日本の魚は美味しいから。そういえばサルデーニャのエビは甘かったなあ。一緒に食べた生徒さんたちが〝ハチ

ミツに漬けてるんでしょうか？〟って言うくらい甘くてびっくり。別の店でもやっぱり甘かった」

◆ジロ「虫入りのチーズは覚えてますか？」

♥貴久子「覚えてる！〝カス・マルツ〟。布を外すとサイダーみたいに小さな虫が跳ねてて……」

◆ジロ「男の度胸試しみたいなチーズ。うぇ〜」

♥貴久子「そういう目的で作ってるわけじゃないけど（笑）、そんなに嫌だったんだ……」

◆ジロ「モリーゼのヴァストジラルディ村には、地震の後の建築物の被害状況の確認と修復の仕事で1年間住んだので私の第二の故郷みたいなもの。村の人たちと一緒にワインを造って、豚をさばいて、生ハムを作ってね」

♥貴久子「小さな村だったから村人たちとはすごく深く関わったのよね。私は約1カ月、チーズ小屋に住み込みでチーズ作りを習った」

◆ジロ「今にして思えば、食べ物の大切さを教えてもらった、凄く貴重な経験でした」

♥貴久子「村にはバールが2軒だけ、しかも向かい合っていて、支持政党の違いで行く店がきっぱり分かれるのにはびっくり」

◆ジロ「そうそう、懐かしいですね」

元は中東から伝わったというシチリアの名物ドルチェ〝カッサータ〟。リコッタチーズで作ったクリームに砂糖漬けのフルーツ、ナッツ、チョコレートなどをあしらったケーキでさまざまなバージョンがあります。

ちょっとオタクなイタリア料理店ガイド in TOKYO ① 南部編　各州の郷土料理を作る前に、まずはその味をお店で体験

Puglia プーリア州

アンティキ・サポーリ　港区南麻布5-2-40 日興パレス1F ☎03-6277-2073　⏰11:30～15:30（14:30L.O.）18:00～23:00（22:00L.

▎粉物、野菜たっぷり……日本人に合う
　プーリア料理を現地の雰囲気で

店に一歩足を踏み入れればそこはプーリア。オーナーが惚れ込んだ、プーリアの小さな村・アンドリアにあるオステリア『アンティキ・サポーリ』（イタリア以外からも客が訪れるという名店）の雰囲気を、床材から家具、照明等あらゆるものを現地から取り寄せて再現。食材もワインもプーリア産に拘る。コースでは8～10種類の野菜を中心とした前菜が、山崎シェフ曰く「わんこそばのように」次々

Abruzzo アブルッツォ州

トラットリア・ダイ・パエサーニ　新宿区西早稲田2-18-19　☎03-6457-3616　⏰11:30～15:00（14:30L.O.）18:00～23:00（22:

▎「お皿以外は何でも作るよ（笑）」
　手作りで伝えるアブルッツォの食文化

「99％、故郷・アブルッツォと同じものを作って紹介し、魅力を知ってもらいたい」と、熱く語るのはオーナーのジュゼッペ・サバティーノさん。同じくアブルッツォ出身のシェフ、ダヴィデ・ファビアーノさんとともに、現地の味をできる限り忠実に提供している。その情熱は千葉県佐倉にある農園での野菜作りや、代々サラミ職人というジュゼッペさん拘りのサラミ作りにも表れている。店内には

Sicilia シチリア州

リストランテ・ダ・ニーノ　港区南青山1-15-19 グランドメゾン乃木坂1F　☎03-3401-9466　⏰11:30～15:00（14:00L.O.）18:00～22:

▎シチリア伝統のドルチェも絶品
　イタリア人も唸らせる故郷の味

オーナーシェフのアントニーノ・レンティーニさんは、シチリア・トラパニの出身。'97年に来日し、幾つかの名店で腕を振るった後、2006年にこの店をオープンした。色彩豊かな「デ・シモーネ」の食器やシチリアの調度品も、シチリアの太陽や風を感じさせてくれる明るい店だ。シェフ自ら吟味した魚介類の料理が多いが、肉料理も充実。シチリアの伝統的な料理法をベースに、特産のピスタチオ、

Guida 1

するのもお勧め。より本場に近い味を作りだせるかもしれません。ここでは、南の3州の郷土料理を提供するお店を紹介します。

O.) 無休

と供され、プーリアの食材の豊かさが伝わる。シェフはヴェネツィアで修業した後、南イタリアを巡る中でプーリア料理に出合いその美味しさと、海沿いの地方の生食の文化にも感激。「こんなに日本人に合うイタリア料理があったのか」と驚いたそうだ。アンドリアそのままの雰囲気の中でプーリア伝統料理を楽しめる。

右・「アンドリア直送ブッラータ ムルジャ地方のひよこ豆添え」￥1,800。ブッラータは、生クリームを混ぜたモッツァレラのもとの生地をモッツァレラで包んだもの。最後に温めたオリーブオイルをかけて供される。チーズを切って中身を出したらひよこ豆と混ぜて食べる。中・「焦がし小麦の自家製オレッキエッテ 菜花とサルシッチャを使ったモンテグロッソの郷土料理」￥1,720。菜花はしっかりボイルしてすり潰してあり、口いっぱいに香りが広がる。添えられるチーズはリコッタ・サラータ。左・写真中の料理に使われているアンドリア産の焦がし小麦を使った自家製オレッキエッテ。

30L.O.) 休月

伝統工芸品や写真がたくさん飾られ、街や人々の様子を垣間見ることができる。アブルッツォといえばペペロンチーノ（唐辛子）が有名だが「カラブリア州ではあらゆる料理に使いますが私たちは常にポケットに入れておき自分好みに調整します（笑）」（ジュゼッペさん）。まだ馴染みの薄いアブルッツォ料理を試してみたくなる。

右・「自家製アブルッツォサラミの盛り合わせ」￥1,600。すべてジュゼッペさんの手作り！ 中央の濃い赤のサラミは〝ヴェントゥリチーナ〟。というアブルッツォの街、ヴァステーゼ独特の少し辛いサラミ。右手前はイノシシのサラミ〝チンギアーレ〟。左・「自家製キタッラ 鴨肉のラグー モンテプルチアーノソース」￥2,200。四角い箱に張った弦で切り分けるパスタ。アブルッツォ州のDOCワイン、モンテプルチアーノ・ダブルッツォワインを煮込んで作ったソースが、味わいの華やかなアクセントに。パスタが入った器はパルミジャーノ。

00(L.O.) 休日　http://ninolentini.jp/

カラスミといった食材も使われ、シチリアの味を存分に堪能できる。ワインの充実ぶりも見事で、シチリアを中心に250銘柄が揃い、ワインセラーが眺められる個室も人気。昨年、店のすぐ近くに「ニーノ・カフェ」をオープン。カッサータ等のシチリア伝統のドルチェやパニーノ、アランチーニ等のフードが味わえる。

右・前菜より「鰯のベッカフィーコ」￥1,200。パン粉、レーズン、松の実等を鰯で包んで焼き上げた一品。シチリアでは酸味の強いレモンではなく、特産物でもあるオレンジを添えて、優しい酸味と甘み、そして香りを。左・シチリア名物「カンノーロ・シチリアーノ」￥900。シチリア産の上質なリコッタチーズをたっぷり使ったカンノーロ。シチリアそのままの味わいで、風味も豊か。定番人気メニューの一つ。お皿に描かれた絵や文字も楽しい。こちらは、手でつまんでパクリといただくのが正しい。

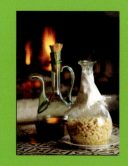

州都：フィレンツェ

Toscana トスカーナ州

初めて訪れたときから、
すっかり虜になったフィレンツェの街
中世の香りが漂う料理も魅力的です

　母と一緒に初めてイタリアを旅したのは大学生のとき。その際に訪れたフィレンツェにすっかり魅了されてしまった私は「ここに留学しよう」と心に決め、卒業後、半年ですがフィレンツェで暮らしました。その後も幾度となく訪れています。美しい丘が連なる田園風景、石造りの中世の街並み、オリーブの木々、ひまわり畑等々、ロマンチックな風景が広がるトスカーナは、海外からもたくさんの人々が押し寄せるのが頷ける魅力的な州です。そして、日本で最も名前の知られたイタリアの州ではないでしょうか。
　その食文化はシンプルな魅力に溢れています。まずは豆。トスカーナの人は〝マンジャ・ファジョーリ（豆喰い）〟と呼ばれるほどよく食べます。カラバッチャのレシピは、イタリアきっての名ワイン、ブルネッロで知られるモンタルチーノで習ったものです。また、塩が入らないトスカーナのパンは、味もテクスチャーも独特で、パッパ・アル・ポモドーロやリボリータ（ともにパンのおかゆ）、パンザネッラ（パンのサラダ）等々の名物料理が生まれました。ファッロの産地ガルファニャーナには、この地方のDOP（原産地名称保護制度）、栗粉を目当てに訪れました。トスカーナの昔ながらの石臼の製粉所にて、焼き栗やネッチ（栗粉のクレープ）を作っているところに出会いました。栗粉の新物が出る秋には、フィレンツェでもカスタニャッチョ（栗粉のケーキ）が街中で売られ、若者たちは焼き栗パーティーにいそしみます。そして、トスカーナは肉好き垂涎のキアナ牛、チンタ・シネーゼ豚の産地としても知られています。タリアータは炭火焼きが格別ですが、ハーブをまぶして焼いても十分美味しくいただけます。

ファッロサラダ
Insalata di farro

トスカーナの山奥、ガルファニャーナ産のファッロ＝スペルト小麦は、スペルト小麦としてはイタリアで唯一、IGP（保護指定地域表示）認定の逸品。ファッロを使ったサラダはいろいろありますが、私のお気に入りは、蜂蜜やペコリーノなど、トスカーナの物産をいろいろ入れたこのレシピ。

●材料（4人分）

ファッロ※P.115参照	250g	イタリアンパセリ、ミント	各適量
セミドライトマト（※）	20個	〈ドレッシング〉	
赤タマネギ	小さめのもの1/2個	EXVオリーブオイル	100ml
セロリ	5cmくらい	アンチョビ（フィレ）	2枚
黒オリーブ（種を取る）	20個くらい	蜂蜜	大さじ1
サルタナレーズン	大さじ4	ワインヴィネガー	大さじ1
松の実	大さじ4	米酢	大さじ1
ペコリーノトスカーノ	40〜50g	塩、黒胡椒	各適量

1. ファッロは1時間ほど水に浸します。その後、たっぷりの水に塩（分量外）を加えて20分ほど茹でます。

2. サルタナレーズンはぬるま湯に浸して戻しておきます。

3. 赤タマネギ、セロリはスライスして、松の実はフライパンで焼き色がつくくらいまで煎ります。

4. ①のファッロが茹で上がったら水けをきり、軽く冷ましたらボウルに入れます。

5. ドレッシングを作ります。アンチョビを細かく刻み、ほかのドレッシングの材料をすべて混ぜます。

6. ④のファッロに、②、③、セミドライトマト、黒オリーブを混ぜ、ドレッシングも加えて和えたら器に盛り、ミントの葉、カットしたイタリアンパセリ、削ったペコリーノトスカーノを散らして完成。

※セミドライトマトの作り方はP.112へ

ポルチーニ添えタリアータ
Tagliata di manzo con funghi porcini

Toscana

トスカーナはイタリア屈指のブランド牛・キアナ牛の産地。Tボーンステーキ〝ビステッカ・アッラ・フィオレンティーナ〟はあまりにも有名です。家庭なら骨付きでなくても美味しいタリアータで。タリアータは「切った」の意。最近は日本でも入手できる生ポルチーニをグリルし、生のスライスも添えた贅沢な旬の一皿。

1. 肉に塩、胡椒を振り、みじん切りにしたセージ、葉をちぎったローズマリーをたっぷりまぶし、表面にオリーブオイルを塗ります。

2. ポルチーニの大きなものはカサの部分をそのままグリルし、石づきと小さめのポルチーニはスライスします。

3. グリルパン（またはフライパン）は油を塗らずに熱し、①の肉をのせて表面を焼きます。その後、200〜220℃に温めたオーブンで15〜20分焼きます（肉の大きさで加減します）。

4. ③の肉が焼き上がったら薄切りにして皿に並べ、シブレット、胡椒を振り、周囲をルッコラで囲んだら②のポルチーニをのせます。ソースの材料を混ぜ合わせ肉に添えてテーブルに。

●材料（4人分）

牛ロース	厚さ4〜5cm	ルッコラ	適量
生のポルチーニ	100g	〈ソース〉	
ローズマリー、セージ	たっぷり	バルサミコ	大さじ2
塩、黒胡椒、オリーブオイル	各適量	オリーブオイル	大さじ5〜6
シブレットまたはアサツキ	適量		

カラバッチャ
Carabaccia

フランスに嫁いだカテリーナ・デ・メディチの料理人によってフランスに伝わり、オニオングラタンスープのルーツになったと言われるスープ。酢漬けのアーモンドが入る中世の味です。トスカーナならば豆のスープもお勧めですが、カラバッチャも是非！お試しを。

●材料（6人分）

タマネギ	約1kg（中4個）
皮付きアーモンド	100g
トーストしたパン	6枚
辛口ペコリーノ	大さじ6
白ワインヴィネガー	大さじ3～4
EXVオリーブオイル	大さじ4
シナモン	2つまみ
グラニュー糖	大さじ1
ブロード（鶏または牛）	1ℓ
塩	適量
〈モンタルチーノ風ハーブミックス〉	
イタリアンパセリ	2枝
セイボリーまたはタイム	2枝
ニンニク	1片
赤唐辛子	2本

1. アーモンドは沸騰した湯で1分ほど茹でます。すぐに冷水にとって皮をむき（指で実を押し出すようにすると簡単にむけます）、すり鉢で潰します。そこに、白ワインヴィネガーを加えて1時間ほど置きます。

2. タマネギは細かいみじん切りにします。

3. 大きめの鍋にオリーブオイルを入れ、ハーブミックスを（タイムとイタリアンパセリは茎のまま）炒めます。香りが出たらタマネギを加え弱火で柔らかくなるまでさらに炒めます。

4. ①のアーモンドを茶漉しに入れて、流水でさっと洗います。こうすると酢風味のアーモンドペーストができあがります。

5. ③のタマネギが柔らかくなったらハーブミックスを取り出し、④のアーモンドペーストを加えてよく混ぜ、さらにシナモン、グラニュー糖も加えて全体をよく混ぜ合わせます。

6. ⑤に沸騰したブロードを少しずつ加えトロリとした状態になったら塩で調味し30分ほど煮てからミキサーにかけます。

7. ⑥を器に注ぎトーストしたパン、ペコリーノ、タイム（分量外）をのせて250℃のオーブン上段に入れて焦げ目がついたら完成。

Toscana

州都：ローマ

Lazio ラツィオ州

州都・ローマは都会といえども、昔ながらの庶民の味が大切に守られています

首都ローマは大都市ながら、土着の伝統的な庶民の料理も多く残る、〝オタク心〟をくすぐられる街。当時習ったプンタレッラのサラダの細切りがあまりに大変で、市場で尋ねたところ、専用スライサーがあると教えてもらいました。ローマのトラットリアで「今日は木曜日だからニョッキもあるよ」と言われて知った「木曜日はニョッキの日」。ローマのパスタといえばアマトリチャーナとカルボナーラ。どちらもわが家で最も出番の多いパスタです。また、内臓料理も名物でトリッパの煮込みはトマトを使い、メントゥッチャというローマ地方に自生するハーブを散らすのがローマ風ですが、ミントで代用しました。そして、私が最も好きな羊料理がスコッタディート。焦げた香りが香ばしい炭火焼きが一番です。この料理を作ると、アッピア街道沿いの笠松と尻尾の長い仔羊を思い出します。

REGIONE LAZIO

ポテトニョッキの
ローマ風トリッパの煮込み和え

アバッキオ ア
スコッタディート

プンタレッラの
サラダ

ポテトニョッキのローマ風トリッパの煮込み和え
Gnocchi con trippa alla romana

ローマでは昔から「木曜日はニョッキの日」。キリスト教では、金曜が肉を食べない「魚の日」のため、その前日にニョッキ、翌日土曜にはトリッパを食べて、エネルギーを補うのだとか。なので、ジロの友人に教わったこの「ニョッキのトリッパ和え」には2倍の効果があるかも!?ミントの風味が爽やかです。

●材料（8人分・作りやすい分量）

トリッパ※P.114参照	1kg
〈クールブイヨン〉	
ニンジン、セロリ、タマネギの薄切り　【各1/2個分】、ブーケガルニ（イタリアンパセリ、ローリエ、タイム、ローズマリー）、黒粒胡椒、岩塩【各適量】	
タマネギ、セロリ、ニンジン（みじん切り）	各1個分
ニンニク	1片
ローリエ	1〜2枚
イタリアンパセリ	数本
唐辛子	1〜2本
辛口白ワイン	1カップ
水	300㎖
トマトのパッサータ（またはトマトの水煮缶を漉す）	600㎖
オリーブオイル	1/2カップ
塩、黒胡椒	各適量
ミントの葉	1パック
〈ポテトニョッキ〉（2人分）	
ジャガイモ（男爵やキタアカリなど）	250g
小麦粉	50g（ジャガイモの様子で調整）
おろしたパルミジャーノ	10g
卵黄	1/2個分
塩、打ち粉	各適量

1. トリッパはよく洗い、熱湯でさっと茹でて臭みを取ります。鍋に水（分量外・トリッパが十分につかるくらい）とクールブイヨンの材料を入れて火にかけ、20分ほど煮たところにトリッパを入れて1時間ほど煮ます。柔らかくなったら煮汁と一緒にそのまま冷まします。

2. 鍋にオリーブオイル、タマネギを入れて炒め、透明になったらニンジンとセロリ、潰したニンニク、唐辛子を入れよく炒めます。①のトリッパを短冊に切って加え、炒め合わせ、鍋肌に沿わせ白ワインを加えてアルコールを飛ばします。

3. ②にパッサータ、水、ローリエ、イタリアンパセリを加え、沸騰したら火を弱めアクを引き、水（分量外）を加えながら煮詰まらないよう注意しつつ弱火で2時間ほど煮込みます。仕上げにみじん切りのミントを加え、塩と黒胡椒で調味します。

4. ニョッキを作ります。皮ごと茹でたジャガイモは熱いうちに皮をむきマッシュします。バットなどに入れふわっとラップをかけ、あら熱を取ります。

5. ボウルに④と小麦粉を入れて混ぜたらパルミジャーノ、卵黄、塩を加えて捏ねます。

6. ⑤を小分けにして、打ち粉をして長く伸ばし1〜2cm幅に切ります。フォークかリーガニョッキ（ニョッキ板）の上をすべらすようにして凹みと筋をつけます。力を入れすぎて凹みが深く、全体が薄くならないよう注意。丸いお団子（＝ニョッキ）にするのが理想。捏ねるときに余分な水分を加えない、捏ね始めたら休まずに茹でるまで一気に行うのもポイント。

7. 沸騰した湯に塩を加えて⑥を茹でます。木かゴムのヘラで優しく混ぜ、浮いてきたら一呼吸おいて取り出し水けをきりトリッパと和えます。ニョッキを作り置きする場合は氷水で冷やして水けをきって冷蔵庫で保管し、食べるときに再び茹でます。

アバッキオ ア スコッタディート
Abbacchio a scottadito

アバッキオはローマの方言でアニェッロ（仔羊）、それも乳飲み仔羊のこと。仔羊はミディアムレアが一般的ですが、私のお勧めは〝グリルでよく焼き〟です。ディート（指）がスコッタ（あっちっち）するという意味のこの料理は焼きたてを手づかみで食べるのが美味しい！

●材料（2人分）

ミルクラム※P.115参照	1人200〜300g
ニンニク	適量
EXVオリーブオイル	適量
ローズマリー	適量
塩	適量
好みで黒胡椒	適量
好みでレモン	適量

1. ラムはあばら骨に沿って切り離します。肉たたきで薄くのばしたら、塩、好みで黒胡椒を振ります。

2. グリルパンにオリーブオイルを塗り、ニンニク、ローズマリーをのせたら強火で熱します。よく熱したところで①のラムをのせ、焼き色がつくまで焼きます。途中、様子を見て火加減を調節します。

3. ②を裏返して反対側も焼きます。このとき、骨に血が残らないように蓋をして焼きます。焼きあがったら塩を振って、好みで黒胡椒を振り皿に盛り付けて、レモンを添えます。

プンタレッラのサラダ
Insalata di puntarelle

ローマを代表する野菜、プンタレッラはシャキッとした食感と爽やかな苦味が特徴です。サラダは、その魅力を味わえる最もポピュラーな料理法で、アンチョビと和えるのが伝統。くるくると巻いた状態に切るには専用スライサーが便利ですが、ローマの市場では既に細切り水漬けにしたものも売られています。

●材料（2人分）

プンタレッラ※P.114参照	1株
アンチョビフィレ	5〜6枚
ニンニク	1片
白ワインヴィネガー	大さじ1
EXVオリーブオイル	大さじ3
塩	適量

1. プンタレッラは1本ずつ取り外し、根元の硬い部分を切り取ってから縦に細長く切ります。ローマでは専用のスライサーがありますが、代用として長ネギ用のスライサーやカッターを利用するのもよいでしょう。

2. 細長く切った①のプンタレッラは氷水に1時間ほど浸けておきます。くるくると丸まったところで水から取り出してよく水けをきっておきます。

3. 上記のアンチョビフィレ以下のドレッシング材料をすべてミキサーにかけ、よく混ぜ合わせて滑らかなドレッシングを作ります。②のプンタレッラと和えて器に盛り付けます。

左・ローマ名物のパン〝ロゼッタ〟。特徴は中が空洞なこと。19歳のときに初めて訪れたローマで食べて、口溶けのよさと美味しさに感動しました。右・手作り感漂う本場のプンタレッラスライサー。日本では入手困難なため、白髪ネギカッターで代用するか、頑張ってナイフで細切りにしましょう。

州都：アンコーナ

Marche マルケ州

海の幸も山の幸も両方楽しめる
意外にお得（?）な州かもしれません

マルケ州には、仲良くしているフライパンの会社があるので、最近はぼちぼち縁がありますが、実は昔からよく通っていたことに気付きました。五つの州と接している細長い州なので、ちょこっと通ったりするわけです。アドリア海に面した地域は、砂浜が延々と続き、夏のバカンス時期にはたくさんのパラソルが整然と並び、家族連れや若者で賑わいます。魚介の料理も豊富で、特に有名なのは〝ブロデット〟というスープ。ですが……なかなか「これ！」という美味しいものに出合えないのは名物の宿命？ アドリア海沿岸にあるマルケ州の州都、アンコーナは、紀元前四世紀にギリシャ人によって造られた街。アンコーナ港はアドリア海横断フェリーの主要港です。そこにある立ち飲みスタンド風魚介料理屋で、ワインを飲みながら貝のポルペッタを爪楊枝でちまちまと引っ張り出して食べるのは最高です（笑）。山側は、ピエモンテに次ぐトリュフの産地としても知られています。数年前、トリュフハンターと一緒にトリュフ狩りに参加しました。賢い犬たち、不思議なトリュフの生態などなど、とても興味深く楽しい経験でした。2015年9月には三千年の歴史を持つパンの一種〝クロストロ〟の祭りに審査員として参加し、参加者たちが焼いた自慢のクロストロを楽しく審査しました。ラードを練り込んでサクッと焼き上げた、薄い層が幾重にも重なった平らなパンで、野草のソテーやソーセージなどを挟んで食べます。最近のお気に入りは、アスコリ・ピチェーノにある老若男女に人気のストリートフード〝オリーヴェ アスコラーネ〟の屋台です。

白身魚とポテトのオーブン焼き
Pesce al forno con patate

海の近くのアグリツーリズモで、アンコウを使って教えてもらったレシピ。主役の魚はもちろん、表面は香ばしく中はしっとり柔らかく焼きあがるジャガイモの美味しさも魅力。魚を一匹丸ごと使い豪快に作るからこその味わい。スズキやタイでも美味しくできます。

●材料（3～4人分）

白身魚（金目）	1尾
ジャガイモ（男爵やキタアカリなど）	4～6個
EXVオリーブオイル	適量
イタリアンパセリ	適量
ローズマリー	適量
セージ、ミント	各適量
ニンニク	4片
レモン汁	1/2個分
辛口白ワイン	1/4カップ
塩、白胡椒	各適量
小麦粉	適量

1. ジャガイモはきれいに洗い、皮のまま食べやすい大きさにカットします（縦に6等分など）。

2. オーブンの天板にオリーブオイル、ニンニク（皮ごと）、ローズマリー、塩、白胡椒、カットしたジャガイモを入れよく混ぜます。

3. 魚はワタとウロコを取り除いてよく洗います。腹の中にイタリアンパセリ、セージ、ミント、ローズマリーを詰めたら全体に塩、白胡椒を振りかけ、表面（両面）に切り込みを入れます。

4. ②のジャガイモを200℃に熱したオーブン（予熱なし）で30分ほど焼きます。途中で1、2回かき混ぜます。このとき、あまり強くかき混ぜるとジャガイモが崩れてしまうので注意してください。

5. ③の魚に茶漉し等を使って両面に小麦粉を振りかけます。

6. フライパンにオリーブオイルをひいてよく熱し、魚を焼きます。強火で、表面に焦げ色がつくように焼いたら、④のジャガイモの上にのせてオーブンに戻します。

7. 魚の中に火が通るまで焼いたら（箸を刺すなどして確認）器に盛り付けます。

8. 魚を焼いたフライパンにワインを注ぎ、加熱しながら魚の旨みをこそげたら器に注ぎ、レモン汁、オリーブオイル、塩、白胡椒でソースを作り添えます。

アスコラ風オリーブのフライ
Olive ascolane

イタリア中にその名を轟かす〝オリーヴェ アスコラーネ〟! アスコリ・ピチェーノという町の名物料理です。美味しく作る一番のコツは種抜きを使わずナイフでリンゴの皮をむくように種を取ること。フィリングとのバランスが丁度よくなるのです。伝統的なフィリングは肉。魚バージョンはアレンジです。

●材料（6～8人分）

◉A：グリーンオリーブ×肉

大きめのグリーンオリーブ	400g
牛もも肉	100g
豚もも肉	100g
鶏もも肉	100g
ニンジン	1/4本
タマネギ	1/4個
セロリ	1/4本
ナツメグ	適量
卵	2～3個（大きさによって）
塩	適量

◉B：ブラックオリーブ×魚

ブラックオリーブ（缶詰）	300g
エシャロット	1個
タラ（切り身）	1切れ
牛乳	適量
タイム、塩、白胡椒	各適量

◉共通の材料

オリーブオイル	適量
小麦粉	適量
溶き卵	適量
イタリア風パン粉（※）	適量
揚げ用ピーナツオイル	適量

1. グリーンオリーブは種を抜きます。切り込みを入れて種の周囲を削るようにくるりとむくと、詰め物が入れやすくなります。缶詰のブラックオリーブは種が取ってあるので縦に切り込みを入れます。

A：グリーンオリーブ×肉
A2. フライパンにオリーブオイルを入れて、みじん切りにしたニンジンとタマネギとセロリ、塩をひとつまみ加えて炒めます。ここにダイスに切った牛肉、豚肉、鶏肉を一気に加えて火が通るまで炒めます。
A3. A②の材料に火が通ったら、あら熱を取ってからフードプロセッサーに入れてペースト状にします。そこに卵、ナツメグ（すりおろす）を入れてさらに混ぜ合わせ、塩を加えて調味します。

B：ブラックオリーブ×魚
B2. 鍋に牛乳を入れて沸騰させます。そこにタラとタイム、白胡椒を加えたら、吹きこぼれないように注意しながら加熱します。エシャロットはみじん切りにして、オリーブオイルで炒めておきます。
B3. すり鉢にB②のエシャロットを入れてすり潰し、そこにあら熱を取ったB②のタラを加えてさらにすります。タラを煮た牛乳を少々加えて滑らかにしたら、塩、白胡椒で調味します。

4. ①のオリーブを用意し、グリーンオリーブにはA③の材料、ブラックオリーブにはB③の材料を詰めていきます。少しはみ出すくらい、しっかり、たっぷりと詰めましょう。

5. あればバット等、平らな容器に小麦粉をたっぷり入れて、詰め物をした④のオリーブを入れます。小麦粉をまんべんなくつけていきます。前後左右に容器を揺らすと、オリーブが転がって全体に、きれいにつきます。

6. ⑤のオリーブを溶き卵にくぐらせ、イタリア風パン粉をつけて中～高温の油で揚げたら完成です。

※イタリア風パン粉の作り方はP.112へ

貝のポルケッタ
Molluschi in Porchetta

〝Molluschi in Porchetta（モッルスキ イン ポルケッタ）〟の「イン・ポルケッタ」とは、豚（ポルコ）で作るポルケッタと同じ香草を使う料理のこと。貝のほか、ウサギや鴨、内陸部ではカタツムリも同じ調理法（イン・ポルケッタ）で食べられているそうです。

●材料（2〜3人分）

貝類（二枚貝と巻き貝）	1kg（殻付き）
プチトマト	300g
ニンニク（みじん切り）	1片
赤唐辛子（輪切り）	2本
ローズマリー	適量
フェンネルシード	適量
フェンネルの葉	適量
EXVオリーブオイル	適量
白ワイン	1/2〜1カップ

1. 貝は洗ってから、鍋やバット等に並べ、約3%の塩水（分量外）を入れて冷暗所に2、3時間置いて砂を抜き洗います。

2. フライパンにオリーブオイル、ニンニク、フェンネルシード、赤唐辛子、ローズマリーを入れて火にかけ巻き貝を入れます。

3. ②にフェンネルの葉も加え、フライパンを揺らしながら数分間炒めます。そこに白ワインを加え、アルコール分が蒸発するまで加熱します。

4. プチトマトを洗って半分にカットしておきます（縦でも横でもよい）。

5. 残りの貝（二枚貝）を加えます。④のプチトマトも入れてトマトが煮崩れるまで炒め煮にします。器に盛りつけ、巻き貝を取り出すためのピック等を添えたら完成です。

Marche

Umbria ウンブリア州

憧れの地アッシジは
ポルケッタの発祥の地でもあります

ウンブリアはとても思い出深い州です。カトリックの私にとって、聖フランチェスコの街アッシジは『ブラザー・サン シスター・ムーン』を観て以来の憧れの地。19歳で初めてイタリアに旅行をしたときから幾度となく訪れました。ジロと出会ったとき、彼はナポリで私はフィレンツェに住んでいましたから、お互いの家のほぼ中間にあるウンブリアでよく週末を一緒に過ごしました。アッシジの小さな駅で4〜5時間待たされて、彼が現れた途端、涙が止まらなかったというちょっぴりせつない思い出も。ちなみにジロは途中で車がエンコしてしまい、なんとかヒッチハイクしたものの携帯電話などもちろんなく（公衆電話もジェットーネという公衆電話専用コインを使っていた時代）私に伝える術もなかった……というのが事の次第。その頃によく食べたのがポルケッタでした。一説に因れば、アッシジがポルケッタの発祥の地で、巡礼者たちのお腹を満たしてきたとか。当時の私たちの旅といえば、運転好きのジロのせいで!?飲まず食わずで車を走らせていろいろ巡るという断食旅行！ もしょっちゅう。だから、私たちにとってもポルケッタは大事な糧だったのです（笑）。

ポルケッタ

ドジョウインゲンのサラダ

レンズ豆のサラダ

ポルケッタ
Porchetta

豚肉の処理の仕方

小さめのナイフを使ってあばら骨を丁寧に外します。肉の薄い部分にはもも肉等、肉厚の部分の肉を移すなどして、なるべく厚さが均一になるようにならします。

本来は50kgくらいまでの若い豚を使うのですが、今回はオーブンに入るサイズの仔豚を使用。(※P.114参照)仔豚は皮が薄くてカリッと焼けやすいのでお勧め。ポイントはたっぷりのハーブと、肉は柔らかく、皮がカリッとなるまでしっかり焼くこと。病みつきになる美味しさです。

●材料 (4~6人分)

仔豚（内臓・頭・骨を取り除いたもの）	約4kg
フェンネル（葉）	適量
フェンネルシード	適量
ローズマリー	適量
セージ	適量
ニンニク	2片
レモン	1個
赤唐辛子	2~3本
黒胡椒	適量
ヴィンサントかコニャック	適量
塩	（肉1kgに対して25gの割合）
凧糸、料理用縫い針	

1. フェンネル（葉）、フェンネルシード、ローズマリー、セージ、ニンニク、塩、赤唐辛子をフードプロセッサーにかけて細かくし、黒胡椒とヴィンサントも加えて、開いた仔豚の内側に塗り、レモンの皮をすりおろして振りかけます。

2. ①を閉じて皮を凧糸で縫い合わせたら、凧糸を使ってローストビーフやチャーシューを作るときの要領で縛っていきます。横糸の間隔は7～10cmくらい、しっかりと縛ったら全体をラップでカバーして一晩、冷蔵庫に入れて寝かせます。

3. 焼き始める1～2時間前に冷蔵庫から出して、皮のあちこちにナイフで穴を開けます。

4. ホイルで覆って網にのせ、220℃に熱したオーブンで1時間ほど焼きます。

5. 肉の内部の温度が180℃になったら、ホイルを外し、オーブンの温度を180℃に下げて約3時間焼きます。焼き時間の目安は1kgにつき1時間ほど。焼き加減をチェックしてください。

6. 焼き上がったらオーブンから出して15～30分ほど置いて、冷めて皮がパリパリになった状態が食べ頃です。丸ごと盛り付けて、テーブルで切り分けます。

ドジョウインゲンのサラダ
Insalata di fagiollini

インゲン嫌いだった私を大のインゲン好きに変えたのは、ウンブリアで食べたインゲンのサラダ。この一品はメントゥッチャ（ミントの一種：英名ペニーロイヤルミント）がポイントですが、手に入らない場合はスペアミントやペパーミントを組み合わせてみてください。

●材料 (4人分)

ドジョウインゲン	500g
ニンニク	1片
メントゥッチャ	たっぷり
（スペアミントとペパーミントのミックスでもよい)	
赤ワインヴィネガー	大さじ1.5
EXVオリーブオイル	大さじ4
塩	適量

1. インゲンは水洗いして両端をカットし、筋を取り除いたら、たっぷりのお湯に塩を多めに加えて茹でます。茹で時間は10分弱。茹で上がったらザルに取り、水けをよくきって冷まします。

2. ボウルにオリーブオイル、赤ワインヴィネガー、潰したニンニク（みじん切りでもよい）を入れてよく混ぜ合わせます。それに①のインゲンとメントゥッチャの葉をちぎって加え、和えたら、15分ほど置いて馴染ませます。

3. ②を器に盛り付け、ボウルに残ったソースをかけてさらにメントゥッチャの葉を散らしたら完成です。使用するインゲンはドジョウインゲンより細くて丸いサーベルインゲンでも美味しくできます。

レンズ豆のサラダ
Insalata di lenticchie

IGP指定の良質なウンブリア州カステッルッチョ産のレンズ豆をたっぷり使い、マスタードでさっぱりと仕上げたサラダです。その特徴は小さくて丸くて深緑の粒。仔豚と煮込んだりラルドとサラダにしたり、水で戻す必要がないレンズ豆は手軽に使える食材です。

●材料 (6人分)

レンズ豆	400g
水	2.5ℓ
ニンニク	2片
セロリ	1本
赤タマネギ	1・1/2個
プチトマト	150g
イタリアンパセリ	大さじ1~2
塩	小さじ1
白胡椒	適量
ディジョンマスタード	大さじ1
粒マスタード	大さじ1
レモン汁	1/2個分
赤ワインヴィネガー	大さじ1~2
EXVオリーブオイル	1/4カップ

1. レンズ豆を冷水で洗います。

2. 深鍋に水を注ぎ、ニンニク（皮ごと）、赤タマネギ1/2個、セロリ、レンズ豆を入れて火にかけます（もしあればニンジンも）。赤タマネギには楊枝を2～3本刺して煮崩れないようにします。沸騰したらアクをすくい取り、弱火にして約20分茹でます。

3. ②に塩（分量外・適量）を加え、レンズ豆が"煮崩れないが柔らかい"状態になったら火を止め、ザルを使ってレンズ豆を濾して冷まします。

4. 赤タマネギ1個はスライスして水にさらし、プチトマトは縦半分にカットしておきます。

5. ボウルに2種類のマスタード、レモン汁、赤ワインヴィネガー、オリーブオイル、塩を入れて混ぜ合わせます。

6. ⑤に③のレンズ豆、④、みじん切りイタリアンパセリ、白胡椒を加えて混ぜ、室温で約30分馴染ませたら完成。

左・州都ペルージャはエトルリア時代から続く古都。「11月4日広場」には、大聖堂やプリオーリ宮殿等の美しい建築が並びます。右・市場で見つけたポルケッタ。パニーノに挟んでいただきます。

パンツェッタ・ジローラモさん&貴久子さん 夫婦対談②

「南からトスカーナまで車で巡ったり……珍道中も数えきれないくらいあります」

♥貴久子「私はナポリには2年くらい暮らしましたね」

◆ジロ「そう、住まいはパンツェッタ家とは別々だったけど、ごはんはいつもうちに来て、みんなで食べてましたね」

♥貴久子「お義兄さんもジロも、昼は仕事先から一旦家に戻ってきて、みんなで一緒に昼食を取るのは楽しかった。昼食がメインで、夕食にはそれぞれ好きなものを食べていたでしょう。ピッツェリアに行ったり、食欲がなければフルーツだけとか」

◆ジロ「そう、だからお母さんが腕を振るうのは昼食。だけど一番は日曜日の昼食。朝からラグーを煮込み始める。だから私のマンマの味の筆頭は断然ラグー。食べすぎ必至の美味しさ」

♥貴久子「私がマンマから最初に習ったのもラグーだったもの。結婚するって決まった日曜日、いきなり早朝に〝ラグーとパスタフレスカ教えるわ〟ってマンマに起こされたの。マンマのラグーは確かについつい食べすぎちゃう。食べすぎたときに屋台に行って飲む、重曹入りのレモネードも懐かしい。あの硫黄の香り～！」

◆ジロ「そうですね。あと、屋台で食べるスイカも。車でよく食べに行ったね。そして、学校帰りには、いつも市場や街の屋台でパニーノやちっちゃいピッツァやドーナツを買って食べたことも思い出します」

♥貴久子「じゃあ、フライドポテトがいっぱい挟まってるパニーノ食べたことある？」

◆ジロ「ポテトチップスが挟まってるのもあるでしょう。でも……食べたことない」

♥貴久子「考えられない組み合わせなんだけど、ずーっと気になってて……」

◆ジロ「ナポリの人は美味しいものをみんなに食べてほしいと思って売るから、きっと美味しいと思いますよ」

♥貴久子「トスカーナの海沿いの伝統的なストリートフード〝チンクエ・エ・チンクエ〟って、ヒヨコ豆の粉のお焼きをパニーノに挟んだものなんだけれど、そんな感じかな……今度、トライしてみよう。昔は二人でよく車の旅をしましたね。でも、ジロは運転が好きだから、ずーっとひたすら飲まず食わずで走りっぱなし。だから夜になっちゃって、お腹がぺこぺこなのに食堂も閉まっていたりして大変だった」

◆ジロ「確かにそうでしたね。断食旅行！ホテルも着いてから探してたし。でもそういうのが楽しいでしょう。旅の醍醐味！」

♥貴久子「まあそうですけど……。私がナポリに住むようになってから、ウンブリアのスポレートには何度か行ったでしょう。モモちゃん（愛犬・アブルッツォの牧羊犬）連れてね。お気に入りのホテルがあったから。そこから眺めるローマ時代の水道橋、トーリ橋が美しくて」

◆ジロ「スポレートはウンブリアで一番古い小さな街でトリュフが有名ですね。そういえば、道路沿いに立ってた看板を頼りにレストラン……というより田舎のバールみたいな店に入ったのを覚えてますか」

♥貴久子「バールには昔ながらのピンボールまであったね。バーの奥にまた扉があって、中は意外に素敵なトラットリアだったの。サービスのおじさんは高級店ばりの白

〝羊飼いの島〟とも呼ばれるサルデーニャ島では放牧されている羊の群れに出合うことがあります。羊乳を用いたペコリーノ・サルドは有名。ここの羊にはふさふさした長いしっぽがあるんですよ。普通は、衛生上の理由で小さいときに短く切りますが、サルデーニャでは長いままに。

中世の住宅群が残り、「ナポリ歴史地区」としてユネスコ世界遺産に登録されている旧市街のモンサントにある魚屋さん。石の建物に挟まれた狭い道に歌声が響きます。ジロさんは、ナポリに帰ると必ず、ムール貝の胡椒蒸しを食べるんです。山盛りで。美味しい汁はナポリのパン〝カフィーネ〟に染み込ませて残さず食べます。ヨーロッパのムール貝って日本のよりずっと美味しいみたい。私の大好物のひょろ長いアカタチウオは、フリットが最高。

シャツにベスト(笑)。お勧めのトリュフのコースを頼んだのよね」

◆ジロ「そう、ぜんぜん期待してなかったけれどもの凄く美味しかった！ 前菜からすべてトリュフづくし。しかもめちゃくちゃ安かった。店構えで判断してはいけませんね。こういう想定外のことも旅の楽しみ。行き当たりばったりで入った店が大当たり！ って、嬉しいでしょ」

♥貴久子「確かアッシジでホテルが見つからなくてバールで困り果てていたら、お店の人が建設途中の家があるから泊まっていいよって」

◆ジロ「そうね、鍵を渡されて行ってみたら、家具も何もなかった(笑)。まあでも野宿にはならなかったからよしとしましょう。ちゃんとお金も払った。あと、やはりアッシジで、このときも飲まず食わずで夜中になっちゃって、山奥の道で暗くて寂しくて、だんだんホラー映画みたいな景色になって、ドキドキしながらなんとかホテルを見つけたら、おじさんとおばさんしかいなくて、食事も出せないって言われた」

♥貴久子「そこをなんとかお願いします！ って頼んで、おばさんが仕方なくパニーノを作ってくれようとしたら……」

◆ジロ「おばさんが転んじゃったんだよね！ 頭から血がダラダラ〜。大した怪我ではなかったみたいだったけど、おじさんにもの凄く怒られちゃうし、夕食は食べられないしで、ホラー映画より辛かった。当時は携帯、ましてやスマートフォンなんてないから今みたいに情報がなくてホテルも食堂も現地の人からの情報か、看板頼り。まあ、苦労や失敗も多いけど、その分楽しいこともたくさん。旅ってそういうのがいいでしょう。少し前に、ミラノで和食が食べたくなって、インターネットで調べて行ったんだけれど、ひどい寿司を食べることになって悲惨だった。情報も確実じゃないってことですね。あのときのウニは絶対に缶詰……」

♥貴久子「ウンブリアでは、ポルケッタを挟んだパニーノが私たちの非常食だったでしょう。ペルージャのトラットリアでは、うどんのような手打ちパスタのストランゴッツィ……ウンブリチェッリとも呼ばれるもちもちのパスタが美味しかった」

◆ジロ「最近、ローマには行きましたか？」

♥貴久子「二十歳前に行ってすごく素敵だった市場に最近行ってみたら、ぜんぜん様子が変わっていて、スパイスや異国の食材も売られているワールドマーケットみたいになっていてびっくりしちゃった。それはそれでおもしろいのかもしれないけど、イタリアの市場！ という感じではなくなってて。でも、最近ローマにできた新しい市場はとっても素敵だった」

◆ジロ「街の様子が変わるのは仕方がないですね。残念なことも多いけど、また新しいいいものも生まれます。ナポリの魚屋さんも変わっていないといいなぁ」

♥貴久子「歌う魚屋さん！ 楽しくて大好き。そういえば、お義姉さんの旦那さんのジェンニさんはタコ捕り名人よね」

◆ジロ「ナポリの人はタコが大好きだから！ 食べたくなってきましたね……」

撮影協力／Baxter Japan

イタリア車の旅はハプニング満載で出会いも沢山あって楽しかった〜

今度は日本を巡る？でも電車も快適かな……

人生初めての南イタリア一人旅で訪れた、プーリア州にあるアルベロベッロ。接着剤を使用せず、先史時代から伝わる建築方式で造られた独特の住居群です。

唐辛子のような「赤い角」はイタリア南部に古くから伝わるお守り。魔除けにもなる。ナポリでは幸運を呼ぶアイテムとして親しまれている。

ちょっとオタクなイタリア料理店ガイドin TOKYO ② トスカーナ州編　トスカーナ料理はイタリアの郷土料理の中で

Toscana トスカーナ州
アルベリーニ　新宿区袋町2 杵屋ビル1F　☎03-6265-0620　営17:30～23:30（22:30L.O.）　休日　http://alberini.jp/

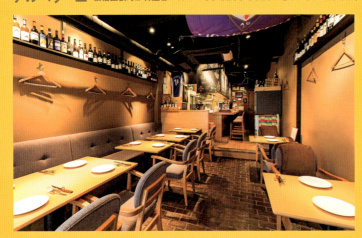

**シンプルな料理と厳選素材で伝える
トスカーナ料理の奥深い味わい**

トスカーナの料理はシンプルなものが多く、その分、素材選びにはとても気を使うという中村鉄平シェフ。「人に魅力を感じて」フィレンツェで13年間研鑽を積む中で、トラットリア「ソスタンツァ・トロイア」で、ほとんどの人が注文していたカルチョーフィのオムレツを見て、初めて味わうその料理の美味しさに衝撃を受けたという。フィレンツェ風のオムレツは、シンプルで美味しいトスカーナ

Toscana トスカーナ州
トラットリア29（ヴェンティノーヴェ）　杉並区西荻北2-2-17 Aフラッツ　☎03-3301-4277　営11:00～14:00（13:30L.O.）＊サン

**肉の美味しさを引き出した炭火焼きや
キャンティの地方料理を堪能する**

店名からもわかるように、肉料理に特に自信ありの店。竹内悠介シェフが1年間修業したのは、パンツァーノ イン キャンティ村にある400年続く精肉店「チェッキーニ」。キアナ牛、チンタ・セネーゼ豚の産地トスカーナで、ビステッカ・アッラ・フィオレンティーナといえばチェッキーニと言われるくらい欧米でも有名な店。総菜店、レストランもあり、常にたくさんの人で賑わう様子にカルチャー

Toscana トスカーナ州
サン・ヤコピーノ　墨田区錦糸4-11-7 2F　☎03-6456-1716　営17:00～23:00（22:00L.O.）　休月（月が祝日の場合は翌火）　http://

**フィレンツェの郷土料理のなかから
日本人の口に合うメニューを厳選**

2015年11月、錦糸公園の桜並木の向かい側にオープン。トスカーナの州都・フィレンツェに昔から伝わる料理に特化したこの店は、〝現地そのままの味つけ〟にこだわる。それは同時に、数ある郷土料理のなかから、日本人向けのアレンジをしなくても日本人の口に合うメニューを吟味し、提供しているということ。イタリアでの深い経験がなければ、そうやすくできることではありません。オー

Guida 2

もメジャーな存在ですが、料理の幅の広さは類を見ないほど。ここで紹介するお店も、それぞれ特色があって違った印象を受けるはず。

料理を体現する看板メニューであり、多くの人が注文する人気の一品でもある。メニューには、自家製ソプラッサータ(豚の煮こごり)、パンツァネッラ(トスカーナパンのサラダ)、ペポーゾ(牛すね肉の赤ワイン煮込み)といったシンプルな魅力に溢れるトスカーナ料理が並ぶ。気軽に立ち寄りたくなる温かな雰囲気の店だ。

右・「茄子のオムレツ～フィレンツェ風」¥800。「ソスタンツァ・トロイア」のスペシャリテ、カルチョーフィ(アーティチョーク)のオムレツの茄子バージョン。ぐるぐると巻くように仕上げる。レモンは必ず添えられ、卵の臭みが消えて爽やかな味わいに。左・「鶏レバーのクロスティーニ～フィレンツェ風」¥600。ムースとは異なり、鶏レバーの歯応えを残し粗めに仕上げ、温めて出すのがフィレンツェ風。パンは塩を使わないトスカーナのパンで。タマネギとアンチョビ、ケイパー等で鶏レバーの臭みよりも旨みが際立ち、レバー嫌いの人でもイケると評判。

ドイッチのみでの営業。テイクアウトも可。㊡月2回火　18:00～23:30(22:00L.O.)　㊡月(祝日の場合は翌日)　http://trattoria29.jugem.jp/

ショックを受け、8代目のダリオ・チェッキーニさんの豪快でユニークな人柄にも惹かれ履歴書を持って通ったそうだ。毎月29日は〝ニクの日〟と定め、肉を知り尽くした竹内シェフによる、肉好きのための魅惑的なコースが用意されている。ちなみに店内にちりばめられた赤はパンツァーノの旗の赤、そして肉の赤。

右・「トンノ・デル・キャンティ」¥900。直訳すると〝キャンティのツナ〟。海がなくマグロも捕れないキャンティ地方で生まれた、豚の塩漬けをツナに見立てた一品。噛みしめるとその食感はまるでツナ。白インゲン豆のサラダと一緒にいただく。左・ボリューム満点の「短角牛のランプ肉 炭火焼き」¥4,500。これくらい分厚い肉でこそ炭火焼きの本領が発揮されるそうだ。肉の脂が炭に直接かからない鉄製のグリルでじっくり、しっとりと焼き上げる。カリッと焼きたて、中はレアでジューシーな炭火焼きは肉好きを唸らせる美味しさ。もちろん看板人気メニュー。

---

www.sanjacopino.com

ナーシェフの元吉賢一氏は、2001年にイタリアへ渡り、まずナポリで語学とイタリア料理の修業を開始。その後はカラブリア州、マルケ州などを回り、そろそろ日本へ帰国というときに同僚に誘われてフィレンツェへ。フェラガモ家経営の「ボルゴ サン ヤコポ」で、さらに10年間修業を重ねたというキャリアの持ち主だ。

〝現地そのままの味つけ〟にこだわると、どうしてもワインに合う料理ばかりになってしまうもの。そんなこともあって、この店は夜のみの営業。右・「トリッパのサラダ」¥880。フィレンツェでは一般的な料理。トリッパにセロリ、タマネギ、トマトなどを加えて。トリッパがこんなにさっぱり味わえるなんて！という驚きの一品。左・「お肉の3倍の赤玉ねぎを使った牛テールとほほ肉の煮込み」¥1,980。フィレンツェでは「チョンチャ」と呼ばれる昔ながらの家庭料理。どろどろとした食感がたまらない！上にのっているのはマッシュポテト。ぜひ赤ワインとともに。

Pasta

もっと簡単に〝州の味〟を再現したいあなたへ……
乾燥スパゲッティを使ったパスタレシピ5

ガルダ湖風パスタ

Veneto

Pasta alla gardesana

ガルダ湖畔の素敵な店の女主人パーピさんに習ったパスタ。本来はビゴリというヴェネト州独特のロングパスタで作ります。イタリア最大の湖ガルダ湖は北イタリアの内陸にありながら地中海性気候なのだとか。豊かに実るオリーブとゴルゴンゾーラの組み合わせ。

●材料（4人分）

スパゲッティ	320g
ゴルゴンゾーラ	180g
バター	大さじ4弱
生クリーム	少々

黒オリーブ（ペーストにする）
大さじ2〜3
＊トッピング用に8粒残す

1. パスタを茹で始めます。黒オリーブはブレンダー等を使ってペーストにします。フライパンにゴルゴンゾーラ、バターを入れ、弱火で溶かします。味をみて塩気が強すぎるようであれば生クリームを加えて調整します。

2. ①に黒オリーブのペーストを加えてよく混ぜ合わせます。ソースが硬すぎるようであれば、パスタの茹で汁を加えます。火を止めて茹で上がったパスタを投入してソースと絡めます。黒オリーブをのせたら完成です。

オーブン焼きトマト和えパスタ

Pasta con pomodori al forno

Puglia

私たち日本人にとって一番馴染みのあるイタリア食材と言えば、スパゲッティ。
ここでは、そのお馴染みのスパゲッティを使いつつ、
ふだん食べているメニューとはちょっと違う、各州ならではのレシピを紹介します。

Umbria

フランシスコ会のパスタ
Pasta alla francescana

清貧を重んじた聖フランシスコにちなんだ命名のこのパスタはお金がなくても作れるアーリオオーリオのジャガイモ入り版。今回は聖フランシスコを裏切ってちょっと贅沢にカラフルなジャガイモを使用。ジャガイモが入るだけで飽きのこない味に。ジャガイモって凄いです。

●材料（4人分）

スパゲッティ	350g
ジャガイモ	2個分
ニンニク	1片
赤唐辛子	1本
イタリアンパセリ（刻む）	適量
パルミジャーノ、塩	各適量
EXVオリーブオイル	適量

1. ジャガイモの皮をむき、1.5cm角にカットしてさっと水にさらします。たっぷりの湯を沸かし、塩（水の約1.5%）（分量外）を加えてパスタを茹で、茹で上がり8分前にジャガイモを加えます。

2. フライパンにオリーブオイルを入れ、ニンニク（潰す）と赤唐辛子を炒めます。香りが立ったらニンニクを取り出し、①のパスタとジャガイモの水けをきって投入。茹で汁も少々加え、ジャガイモを軽く潰すようにして炒めます。おろしたパルミジャーノも入れて混ぜたら盛り付け、パセリを散らしたら完成です。

プーリア州のビトントで教わりました。トマトを並べてオーブンで焼くだけでこんなに美味しくなるなんて！ 普通のトマトソースを作るのが面倒になってしまいそうです。自宅にお客様を招いたときには必ずお出ししますし、料理教室でも最初に作る自慢の一品です。

●材料（4人分）

スパゲッティ	320g	イタリアンパセリ	ひとつかみ
美味しいトマト	6個	パルミジャーノ（おろす）	大さじ5
（フルーツトマトなら多めに）		ペコリーノ（おろす）	大さじ5
ニンニク	1片	EXVオリーブオイル	1/2カップ

1. トマトのヘタを取り8等分（くし形に4等分→半分）にカットします。キャセロールにオイルを塗り、パルミジャーノ→ペコリーノ→ニンニク→パセリ→トマト→パセリ→ニンニク→ペコリーノ→パルミジャーノ→オイルの順に重ねます。この時トマトは切り口を上にすること。

2. 予熱をしない180℃のオーブンに①を入れ、濃いめの焼き色がついてトマトが乾いたような状態になるまで焼きます。目安は約1時間。トマトの状態を見ながら焼いていきます。

3. 焼き上がった②をフライパンに移し、パスタの茹で汁を加えて調味したら、そこにアルデンテに茹でたパスタを加えてソースとよく絡めたら器に盛り付けます。

スパゲッティについて

ナポリ一帯は乾燥パスタ（パスタ・セッカ）産業が盛んです。今回使用したのはグラニャーノ〝グラニャネージ〟、サレルノ〝ヴィチドーミニ〟、ナポリ〝ガイド・フェッラーラ〟のもの。イタリアに比べて日本は軟水なので茹で時間にはご注意を。

Pasta

魚とアーモンド、鶏肉にネギ……この意外な

メカジキとトラパニペースト和えパスタ
Pasta con il pesto alla trapanese con pesce spada

Sicilia

1. トマトは皮をむいて種を取ります。アーモンドは沸騰した湯で約1分茹でて冷水にさらします（180℃のオーブンで約3分焼くのが好ましい）。パスタを茹で始めます。メカジキは約1.5cm角にカットして塩を振り、オリーブオイルでさっとソテーします。

2. ミキサーに材料を入れます。下からニンニク→バジリコ→トマト→アーモンド→オイル→塩の順番（この順番が大事！）で入れて混ぜ合わせ、ペーストを作ります。状態の目安は、アーモンドがかなりの粗挽き状態になっていること。

3. メカジキをソテーしたフライパンに②のペーストを加えて混ぜ合わせたら火を止め、茹で上がったパスタを投入。ソースをよく絡めて器に盛り付けます。好みで松の実（フライパンで軽く炒るとよい）、プチトマト、バジリコの葉（分量外）を飾ります。

トラパニは三角形のシチリア島の一番アフリカに近い先端にあり、塩田で有名なところです。また、アーモンドの産地としても知られ、アーモンドを使ったペーストで和えたパスタが名物。メカジキもまたシチリア名物。二つのシチリア名物をドッキングさせた大好きな一品です。

●材料（4人分）

スパゲッティ	350g
アーモンド（皮付き）	100g
トマト（桃太郎系）	4個
バジリコ（葉）	約30g（25〜30枚）
ニンニク	1/3片
メカジキ	1〜2切れ
EXVオリーブオイル	大さじ4
塩	適量

＊好みで松の実、プチトマト（4つ切り）

食材の組み合わせは新鮮に感じるはず

鶏のラグーヴェルデ
Pasta al ragù verde di pollo

Campania

1. フライパンにオリーブオイル、1cmくらいの輪切りにした九条ネギ(ここでは根に近い部分のみ)、ニンジン(大きめのみじん切り)、セロリ(大きめのみじん切り)、塩少々を入れて火にかけ、弱火で20分くらい炒めます。

2. 鶏肉は小さなダイスにカットし、塩、白胡椒を振りかけて叩き潰します。①とは別のフライパンにオリーブオイルとバターを入れて強火に。鶏肉を広げて焼き色がついたら返して同様に。弱火にしてほぐし、白ワインを加えアルコールを飛ばします。

3. ②に①とローリエを入れて鶏肉が柔らかくなるまで煮たらほぐし、水を加えてさらに15分煮込みます。九条ネギの葉の部分、セージとローズマリーを加えて混ぜたら茹でたパスタを入れて和え、盛り付けます。白胡椒と黒胡椒、イタリアンパセリを振りかけたら完成。

イタリアではチポロッティという長ネギとタマネギのいいとこ取りのようなネギが一般的。よくサラダに使いますがパスタにしてもイケます。これは簡単料理が得意な義理の姉がささっと作る、トマトを入れないラグー。鶏肉はひき肉より自分で叩いた方がぐんと美味しくなります。

●材料(4人分)

スパゲッティ	350g	ニンジン	1/2本
鶏モモ肉	300g	セロリ	1本
九条ネギ	2本	ローリエ	1枚
セージ、ローズマリー(みじん切り)			適量
イタリアンパセリ(みじん切り)			適量
白ワイン			50ml
バター			大さじ1
塩、白胡椒、黒胡椒			各適量
EXVオリーブオイル			1/4カップ
水			400ml

Veneto ヴェネト州

立ち飲み文化が根付いているヴェネツィアは
料理もワインに合うものが多いんです

アドリア海とアルプス連峰に挟まれ、多様な地形と気候が特色のヴェネト州。その産物もバラエティ豊かです。
色とりどりの家が建ち並ぶブラーノ島は人気の観光地。漁に出た漁師が霧の中でも自分の家がわかるようにとカラフルに塗られたのだとか。なんと、ペンキは役所から支給されるのだそうです。
ご紹介するのはすべて州都・ヴェネツィアの伝統料理です。カニのサラダは通年の人気メニューで、大量のカニの身が必要です。レストランで、スタッフ総出でサラダ用のクモガニの身を取り出す作業が行われているところを見たことがあります。地元の人々の楽しみの一つは、ヴェネツィア名物「バーカロ」（立ち飲み居酒屋）巡り。オンブラ（小さなグラスに入ったワイン）片手に、さまざまなチケッティ（つまみ）を楽しみます。チケッティはそれぞれの店に特色があるのではしごするのが常。夜が更けるとヴェネツィアの路地のあちこちにバーカロの灯が灯ります。
春の市場には20〜30本に束ねられた白や緑のアスパラガスが立ち並びます。私にアスパラガスの茹で方やビスマルクソースの作り方などを教えてくれたのは、ヴェネツィア在住の友人、画家のグイード・マエストレッロさん。私の〝アスパラの師匠〟です。アスパラガスを立てて茹でることができる専用の鍋がどの家庭にもあるのだとか……。
そして、ヴェネト州の食卓に欠かせない料理がポレンタ。手間はかかるけれどとにかくポレンタ。南イタリアの人々には「ポレントーネ！（ポレンタ喰い！）」と野次られるほど。ちなみに言われっぱなしではなく「マッケローニ！（マカロニ喰い！）」とやり返すのです。

ポレンタとは

北イタリア地方の料理に欠かせないポレンタ。黄色が一般的ですがヴェネツィアでは白いトウモロコシを使用したきめの細かい白ポレンタもよく食べます。フライや焼きポレンタも美味。炊飯器で手軽に作れるレシピを紹介します。

●ポレンタの作り方／沸騰した湯を内釜に入れ、塩とオリーブオイルを入れポレンタ粉を少しずつ加えて混ぜ炊飯にセット（約40分）。途中数回混ぜます（だまに要注意）。炊飯終了後フライパンに移し約10分、フライや焼き用に固めるなら約20分練ります。

ヴェネツィア風レバーソテー
Fegato alla veneziana

よく炒めたタマネギの甘さが、ほんのり苦味のある濃厚なレバーの味わいととてもよく合います。揚げたポレンタ（左奥）は、外はカリッとして中はもっちり。焼きトウモロコシのような香ばしい後味が特徴です。

●材料（2人分）

〈ポレンタ〉

ポレンタ粉※P.115参照	250g
湯	1ℓ
塩	小さじ1/2
EXVオリーブオイル	小さじ1/2
植物性オイル（ピーナッツオイル等）	適量

仔牛(または牛、豚)レバー	100〜150g
タマネギ	1個
バター	大さじ1
EXVオリーブオイル	大さじ2
鶏のブロード（または水）	少々
塩、胡椒	各適量
イタリアンパセリ	適量

1. レバーは水洗いをして薄皮を取り、一口大の薄切りにします。ボウル等に入れて冷水に半日ほど漬けて血抜きをします。定番は仔牛のレバーですが、豚や牛のレバーでも美味しくできます。

2. 炊飯器とフライパンで硬めに仕上げたポレンタ（作り方はP.76へ）を小さめの（直方体のものが好ましい）容器に移して十分に冷ましてから冷蔵庫で十分に固め、固まったら容器から出して薄切りにします。

3. 植物性のオイル（今回はピーナッツオイルを使用）を熱し、②のポレンタを揚げていきます。表面がカリッとして薄く焼き色がついたら取り出してバット等に広げ、熱いうちに軽く塩を振りかけます。

4. フライパンにバターとオリーブオイルを入れて熱し、薄切りのタマネギを入れて弱火で約15分炒め、塩と胡椒で調味します。

5. 火からおろして鶏のブロードを加え、再び火に戻したらレバーを入れ強火で約1分、裏返して約2分焼き火が通ったら塩で調味し盛りつけます。粗みじん切りにしたパセリを振り、ポレンタを添えて完成。

Veneto

イカの墨煮と白ポレンタ
Seppie nere con polenta bianca

イカスミ(ネーロ・ディ・セッピア)の旨みを存分に味わえる一品。最後に加えるレモン汁が味を引き締め、爽やかに仕上げてくれます。クリーミーな白ポレンタとは相性がよく、一緒にいただきます。

●材料(2人分)

〈白ポレンタ〉
白ポレンタ粉※P.115参照	250g
湯	1ℓ
塩	小さじ1/2
EXVオリーブオイル	小さじ1/2
ヤリイカ(手に入ればスミイカ)	2〜3杯

イカスミ	1パック
EXVオリーブオイル	大さじ2
ニンニク	1片
辛口白ワイン	適量
レモン汁	少々
塩、胡椒	各適量
イタリアンパセリ	適量

1. イカは水洗いして足とワタを抜き取り、胴の真ん中に縦に包丁を入れて軟甲を外し開いたら、耳を掴んで皮も剥がします。胴と耳は約1.5cm幅にカットし、ワタを取り除いた足は縦半分にカットします。

2. フライパンにオリーブオイルとニンニクを入れ、ふつふつしたら火からおろして①のイカを入れます(火にかけたまま入れると油が跳ねる)。

3. 色が変わるまで炒めたら白ワインを加えて少し煮つめて、完全にアルコール分を蒸発させます。

4. イカスミを少量のぬるま湯で溶いて③に加え、水分が不足したら足しながら約30分煮込みます。

5. 柔らかくなったら塩、胡椒で調味して盛りつけ、イタリアンパセリの粗みじん切りをのせてレモン汁を振り、柔らかい白ポレンタ(作り方はP.76へ)を添えたら完成です。

Veneto

アスパラガスのビスマルク風
Asparagi alla Bismarck

ヴェネツィアに春を告げるのは市場に山と積まれたアスパラガス。白、緑、紫、野生種の細いものなど市場の半分を埋め尽くす勢い。ビスマルクドイツの鉄血宰相、がアスパラと卵の組み合わせが好きだったことから、この名前がついたとか。根元をフォークで潰して半分に折り、卵を絡めて一口で食べるのがヴェネツィア流。

● 材料（2人分）

アスパラガス	4〜6本
茹で卵	2〜3個
塩	適量
黒胡椒	適量
酢	大さじ1
オリーブオイル（香りが強すぎないもの）	1/4カップ程
レモン汁（ヴィネガーでも可）	大さじ1
シブレット	適量

1. アスパラガスは根元の硬い部分の皮をむき、紐で束ねます。

2. 鍋にたっぷりの湯を沸かして塩少々を加え、アスパラガスを入れ、約15分茹でます。湯はアスパラガスが半分浸かる分量に。このとき、穂先が湯に浸からないようにするのがポイント。根元はしっかり茹でて、穂先は歯応えを残すように蒸気で蒸すようなイメージです。

私はいつもアスパラガスを立てて茹でることができる、アスパラ専用の鍋（写真左）を使用していますが、ふつうの鍋でも大丈夫です。

3. 茹で卵をボウルに入れ、フォーク等を使って細かく潰し、塩、黒胡椒、酢、レモン汁、オリーブオイルを加えて調味します。

4. アスパラガスを皿に盛りつけたら、その上に③の卵のソースをかけて、カットしたシブレットを散らします。

ヴェネツィア風カニサラダ

Granseola alla veneziana

伝統的な前菜のひとつ。一年中食べることができますが、本来はクモガニのメスが卵を抱いている春に作る料理。ちょこんとのせるオレンジ色の卵がアクセントに。シンプルな調味でアドリア海の恵みを味わいます。

●材料（2人分）

茹でたクモガニ（メスが好ましい）	2杯
*ズワイガニ、毛ガニでも代用可	
レモン汁	1個
塩	適量
白胡椒	適量
EXVオリーブオイル	大さじ1〜2
イタリアンパセリ	適量
好みでそのほかのハーブ（チャイブ、エストラゴンなど）	適量

1. 茹でたカニは、甲羅の中身、足の身、ミソをスプーン等を使ってすべて取りだし、ボウルに入れます（内子・外子があれば別にしておきます）。

2. ①にレモン汁、EXVオリーブオイル、塩、白胡椒を加えて混ぜ合わせ、味を調えます。

3. ②にカットしたイタリアンパセリも加えてざっくりと混ぜ合わせます。

4. 甲羅に盛り付けたらハーブをちぎって散らし、皿にのせて周囲にハーブをあしらいます（内子・外子があればサラダの上にのせてアクセントに）。

Emilia-Romagna
エミリア・ロマーニャ州

イタリア屈指の〝美食の土地〟であり、
手打ちパスタの本場です

　エミリア・ロマーニャ州はイタリアでも〝美食の土地〟として知られます。プロシュートやパルミジャーノ・レッジャーノの生産地パルマ、伝統的なバルサミコ酢の生産地モデナなどはあまりにも有名です。広大な盆地が広がるこの州は、冬の寒さが尋常ではなく、体の中から温まる、肉、牛乳、バターやチーズをたっぷり使った料理が多いのも特徴です。以前、数カ月にも及んだボローニャ滞在中、あまりに重たい食事の日々に辟易して「普通のトマトソースのスパゲッティが食べたい！」と、嘆いたことを思い出しますが（笑）、たまに食べるには、コクがあって美味しいですね。モデナには、豚の足に豚肉や脂身などの詰め物をした〝ザンポーネ〟という特産物がありますが、これをレンズ豆と煮込んだ料理はイタリア全土で欠かせないクリスマス料理。爪のない〝コテキーノ〟もあります。
　また、エミリア・ロマーニャは、小麦粉と卵を使う手打ちパスタの本場と言われ、ボロニェーゼを挟んだラザーニャは誰もが大好きですね。私の手打ちパスタもボローニャの先生仕込みです。パスタの先生お勧めの木製品の工房でパスタ台を購入。ジロが担いで（2台も！）日本まで持ち帰ってくれました。現在も愛用しています。先生に教わった〝手打ちパスタ上達法〟は、「曜日を決めて作ること」でした。日々の積み重ねが大事ということですね。だから、イタリアのマンマはみんな手打ち名人なのでしょう。ちなみに、私の手打ちの日は月曜日。手打ちの腕前はイタリアのマンマ級!? そして、小麦粉と卵の手打ちパスタの極意は「練りすぎないこと」。粉と卵の優しい風味と手打ちならではの食感を楽しみます。

タリアテッレのボロニェーゼ
Tagliatelle alla Bolognese

Emilia-Romagna

「本格的なボロニェーゼは牛乳を入れて作る」とイタリアで教わりました。本来、使用する肉も挽き肉ではなく手切りでミンチにするのだとか。ボロニェーゼには、手打ちパスタやラザーニャが定番ですが、スパゲッティやペンネもお勧めです。

●材料（4～6人分）

タリアテッレ	1人分80gくらい	辛口白ワイン	100ml
パンチェッタ（みじん切り）	50g	牛乳	400ml
牛・豚もも挽き肉	合わせて500g	肉のブロード	400ml
鶏のレバー（みじん切り）	1羽分	オリーブオイル（EXVでないもの）	適量
無塩バター	20g	塩、ナツメグ	各適量
タマネギ、セロリ、ニンジン（みじん切り）	各大さじ2	パルミジャーノ	適量
トマト水煮（漉す）	500g	胡椒	適量

1. タリアテッレを作ります。手打ちパスタの基本形の生地（作り方はP.113へ）を円形に伸ばしたら丸めて、約1cm幅にカット。カットしたら端を手でつまんで振りほぐします。

2. ①のパスタをざっくりとまとめておきます。密閉容器に入れて冷蔵庫で保管すれば3、4日はもちます。冷凍保存よりもお勧めです。

3. フライパンにバターとオリーブオイル、タマネギを入れて炒めます。タマネギが透明になったらセロリとニンジンも加えてよく炒め、パンチェッタも加え炒め合わせます。フライパン内の材料を周りに寄せて中央を空け、そこに鶏レバーを入れて炒めます。

4. ③のレバーに火が通ったら強火にして肉を炒めていきます。まず半分を入れて、焦げ目がつくくらい焼きつけるように炒めたら残りを入れて同様に。鍋肌に沿わせてワインを加えアルコールを飛ばします。

5. ④を煮込み用の鍋に移し、塩、胡椒をします。肉を炒めたフライパンで牛乳を温めながら肉汁をこそぎ、半量を鍋に注ぎます。蒸発したら弱火にして残りを注ぎ約10分煮ます。

6. ブロードとトマト水煮は別の鍋で一緒に温めて⑤に加えます。ナツメグ少々を加えたら強火にして熱し、沸騰したら火を弱めてアクを引きながら弱火で2時間ほど煮込みます。

7. 沸騰した湯に塩を加えて②のパスタを約3分茹でたらボウルにあけ、⑥のラグーと茹で汁少々、パルミジャーノを加えてよく混ぜ合わせます。器に盛り、パルミジャーノを振りかけて完成。

プロシュートとルッコラのガルガネッリ
Garganelli con prosciutto crudo e rucola

織物が盛んだったこの地方で、ペッティネと呼ばれる糸巻き用具を使って作られたのが始まりとか。生地の重なる部分が硬くなるのを避けたくて、巻いた生地をぐりぐりしっかり転がすため生地が伸びて、いつも中央がぷっくりしたガルガネッリになってしまうことも。

●材料（4人分）

ガルガネッリ	350g	生クリーム	大さじ4
生ハム	100g	塩、黒胡椒	各適量
パプリカ（赤・黄）	各1/2個	ニンニク	1片
ルッコラ	1束	EXVオリーブオイル	適量
バター	大さじ2	パルミジャーノ	好みで

1. 手打ちパスタの基本形（作り方はP.113へ）を4×4cm角ほどの大きさ（好みでもう少し大きくしてもよい）にカットします。器具がなくても包丁でカットできます。

2. 菜箸等に巻きつけたら、ニョッキボードに押しつけながら転がして筋を付けペンネのような形にしていきます。

3. 生地のつなぎ目の部分を最初にしっかり押して転がすのがポイント。表面が乾くまで乾燥させないと茹でたときに潰れるので注意。

4. 生ハムは短冊に、パプリカは小さなダイスにカットします。

5. フライパンにEXVオリーブオイルとバターを入れてニンニクとパプリカを炒めます。生クリームを加えたら少し煮つめ、塩で調味します。

6. ガルガネッリを茹でて（約3分）水けをきります。

7. ⑤に生ハムを加えて混ぜたら、茹で上がったガルガネッリも加え、好みでパルミジャーノも加えて和えます。器に盛り付けたら黒胡椒を振り、さらにパルミジャーノを振りかけてルッコラをのせます。

ロマーニャの薔薇
Rose di pasta

なんともロマンティックな名前を持つパスタのオーブン焼きは、私の手打ちパスタの師匠、シミリ姉妹お得意の一品。花びらの部分が香ばしく焼けて、カリッ&グニャッとした食感に。イタリアでは皆、オーブン焼きパスタのこの部分が大好きで、取り合いになること必至!?

●材料（3〜4人分）		〈赤いベシャメルソース〉	
モルタデッラ（極薄スライス）	6枚	牛乳	300ml
プロシュートコット（極薄スライス）	6枚	生クリーム	200ml
フォンティーナ（※P.114参照）または	6枚	バター	20g
グリュイエール（極薄スライス）		小麦粉	20g
小麦粉200g分のパスタ生地 ＊P.113参照		トマトペースト 大さじすりきり1	
パルミジャーノ	大さじ2〜3	塩、胡椒	各適量

1. 手打ちパスタの基本形（作り方はP.113へ）を作ったら、長細く（縦12cm、横40cmほど）に伸ばします。同じものを2枚作ります。

2. 沸騰した湯に塩（分量外）を加え、①のパスタ生地を入れ再沸騰してから約1分茹でます（たくさん作る場合も一緒に茹でるのは2枚までに）。冷水に取り、水けをきって布巾の上に並べます。

3. フライパンでバターを溶かし、火を止めてからふるった小麦粉を加えて混ぜます。

4. ③に塩と胡椒を入れ再び1分ほど火にかけたら火を止めて沸騰させた牛乳と生クリームを一度に加えます。

5. 泡立て器を使って④が完全に混ざるまでよく混ぜます。再び火にかけ、沸騰するまで加熱します。

6. ⑤にトマトペーストを加え、よく混ぜ合わせてピンク色になったら火からおろします。

7. ②の生地の上にパルミジャーノを振り、モルタデッラ、プロシュートコット、チーズ（手前のみ）を並べ、チーズ側から巻いていきます。

8. ⑦を3等分にカットし、上部6カ所に約1cmの切り込みを入れます。

9. キャセロールにバター（分量外）を塗り⑥のソース（一部残す）を薄く敷きパスタを並べ、パスタの中央に残りのソースを塗ってパルミジャーノを振ります。

10. 180℃に熱したオーブンで約15分焼きます。

Liguria リグーリア州

どこか南仏のような雰囲気の港町が多い
独特なパスタや食材に出合えるのも魅力です

フランスとの国境を持ち、リグーリア海に沿って広がる細長いリグーリア州の海や海岸の風景は、ナポリとはまったく異なり、どこか南仏に近い印象があります。海に沿って点在する素敵な村々の中でもとりわけ魅力的なのはチンクエ・テッレ。「5つの土地」の意味で5つの村の総称です。ユネスコ世界遺産にも登録されています。遊覧船に乗って海から眺めると、可愛らしく彩られた建物や海に面した断崖に作られたブドウのだんだん畑が、ほかにはない風景を作り出しています。リグーリアの食でまず忘れられないのが石窯で焼く大きなファリナータ。あまりの美味しさに巨大なファリナータを4人で一枚半ぺろりと平らげてしまったほどでした。コートダジュールのニースでは〝ソッカ〟という名前で親しまれています。

一般的にリグーリアといえば、特産のバジリコをたっぷり使って作るジェノヴァペストが有名です。伝統的には大理石でできた中鉢でごりごりすって香り高いペストを作ります。このペストと和えるパスタの代表はなんといってもトロフィエでしょう。コヨリのような独特の形をしています。リグーリアでは、このほかにも幾つかの変わったパスタに出合いました。スタンプ状の型でくりぬくコルテッツィ、生地を焼いてからカットするテスタローリ等々、よそでは見たことがないさまざまなパスタでした。

一方、港町でポピュラーな食材といえば干しダラのバッカラです。航海中の保存食として親しまれてきたといいます。町にはバッカラの専門店があり、既に水で戻して売られているので、面倒な塩抜きの手間も省けて、地元の人々は気軽に料理できるのですね。

ジェノヴァペスト和えパスタ
Pasta al pesto genovese

Liguria

ブランダクイヨン
Brandacujun

リグーリアはバジリコの大産地。中でもブラ産のバジリコは最高級とされています。伝統的なジェノヴァペスト和えパスタは、インゲンとジャガイモとパスタを一緒に茹でてペストで和えるこのスタイル。一度これを味わうと、インゲンとジャガイモなしでは物足りなくなりますよ。

バッカラ（干しダラ）は、水で戻して塩を抜くのに3～4日かかり、その間こまめに水を替えるなど時間と手間がかかりますが、それでも食べたくなる美味しい食材。ブランダクイヨンはバッカラのコラーゲンのねっとり感がたまりません。マヨネーズも是非手作りで。

●材料（2人分）
トロフィエ(乾麺※P.115参照)	150g
ジャガイモ（メークインが好ましい）	2個
ドジョウインゲン	10本くらい
塩	適量

〈ジェノヴァペスト〉
パルミジャーノ	大さじ2
バジリコの葉	50枚くらい
松の実	小さじ3
ニンニク	1/2片
オリーブオイル	1/2カップ
塩	適量

●材料（4人分）
干しダラ(水で戻したもの)	2切れ
ジャガイモ（キタアカリなど）	中5個
塩、白胡椒	各適量
トマトコンカッセ	適量

〈マヨネーズ〉
卵黄	2個分
植物性オイル	60ml
EXVオリーブオイル	60ml
ヴィネガーまたはレモン汁	小さじ3
塩	適量

1. 塩以外のジェノヴァペスト用の材料をすべてミキサーにかけます。ペースト状になったら味見をして塩を加えて調味します。

2. ジャガイモは皮をむきダイスに切ります。インゲンは半分に切り、さらに縦半分に切ります。

3. 湯を沸かして塩を加え、まずパスタを入れます。ジャガイモの茹で時間は8分、インゲンは約3分なので逆算して順に加え、一緒に茹で上げます。＊茹で時間は手打ちか乾麺かで異なります。手打ちでも乾燥の具合で異なるので茹で加減は要チェックです。

4. ③をボウル等に取り出し水けをよくきり、①のペストを加えてよく和えたら完成です。

※パスタの〝トロフィエ〟を手打ちで作る場合はP.113へ

1. 干しダラは3～4日かけて水で戻しておきます。

2. 鍋に塩少々を加えて湯を沸かし、沸騰したところでタラを入れて、中火で15分ほど茹でたら、そのまま冷まします。

3. ②のタラを鍋から取り出し、骨を外して身をほぐします。ジャガイモは皮をむいてダイスに切り、さっと水にさらします。

4. ③のジャガイモを鍋に入れ、ひたひたの水を入れたら火にかけ、ときどき混ぜながら、弱火でジャガイモが柔らかくなるまで茹でます。

5. ジャガイモに菜箸がスッと通るようになったら水分を捨て、粉ふきいもの要領で火にかけたまま振ります。水分がなくなったら火を止めて③のタラを加えます。

6. ⑤にマヨネーズ（※）を加えて混ぜ、塩・胡椒で調味します。器に盛り、トマトコンカッセ（湯むきして種を取り粗みじん切りにしたトマト）をのせて完成です。

※マヨネーズの作り方はP.112へ

ファリナータ
Farinata

Liguria

リグーリアで食べるファリナータは、ピッツァの石窯のような大きな窯で焼かれ、直径が1m近くある巨大なもの。自宅でも作れるようにアレンジしたこのファリナータはカリカリ感と口溶けを追求しました。たっぷりのオイルで揚げるようなイメージ。サクサク美味しい！

●材料（2人分）

ヒヨコ豆の粉	250g
水	600㎖
塩	小さじ1
EXVオリーブオイル	たっぷり
ローズマリー	1本

1. ボウルに、ふるいにかけたひよこ豆の粉を入れ、水、塩を加えてよく混ぜ合わせます。少し水っぽいかしら？ と思うくらい、しゃばしゃばした状態が理想的です。混ぜ合わせたものは、一晩冷蔵庫で休ませるとなおよい。

2. フライパンか火にかけられる金属製の型などにオリーブオイルをたっぷりと注ぎ火にかけ少々加熱します。

3. ①を②に流し込みオイルと混ぜ合わせるように焼き、少し固まったらローズマリーの葉の部分を加えます。

4. 高温（250℃くらい）に熱したオーブンで5分ほど、さっと焼いたら完成です。

Trentino Alto Adige
トレンティーノ=アルト・アディジェ自治州

イタリア最北の州で作られる
リンゴやワイン……
食いしん坊には天国です

トレンティーノ=アルト・アディジェは大好きで何度も訪れています。イタリア最北のこの州はスイスとオーストリアの国境に接していて、特にアルト・アディジェ地方の風景はイタリアというよりチロルの風景。道路標識は伊独の2カ国語表示、料理にも異国情緒が漂い、それがとても魅力的なのです。ヴェローナから車で北上したときのこと、ふと気付けば周りは一面のリンゴ畑。この地方はイタリア有数のリンゴの産地です。リンゴのストゥルーデルはじめ、生クリームも美味しく甘いもの好きには天国。ワイン街道があり良質のワインにも事欠きませんのでワイン好きにも天国。私は食事の際、メニューにグロースツルとカネーデルリを見つけると必ず頼んでいました。冬に訪れた家庭的なレストランでツトゥーフェと呼ばれる大きな陶器製のストーブの脇に陣取って食べたカネーデルリ。冷えた体に柔らかなパンとコンソメが染み渡り、幸せな気分になったことを思い出します。

カネーデルリ

ホウレン草のスペッツレ

グロースツル

カネーデルリ
Canederli

残ったパンの利用法として作られるようになったと言われる料理。ここではポルチーニを使いましたが、ハム、ホウレン草、チーズ等さまざまなものを加えて変化をつけることもできます。また、ブロード以外にも、好みでグーラッシュやほかのソースで食べても美味。

●材料（4人分）

パン（もちもちしていないもの/耳を取る）	150g
牛乳	100ml
卵	1個
ドライポルチーニ（2時間ほど水で戻す）	15g
モルタデッラ（ボローニャソーセージ）	100g
ニンニク	1/2片
バター	30g
小麦粉	適量
ブロード	適量
イタリアンパセリ、またはチャイブ	適量
塩、黒胡椒	各適量

1. パンはスライスして、小さなダイスにカットします。モルタデッラも同様にカットします。ポルチーニは2時間ほど水に浸して戻したら水けをよくきり、戻し汁はとっておきます。

2. ①のポルチーニを細かくカットし、フライパンに半量のバターと叩いたニンニクを入れて炒めます。

3. ニンニクを取り出し、細かいザル等で漉した①の戻し汁も加えて煮つめます。

4. 残りのバターを加え、①のモルタデッラを入れて炒めます。

5. 全体にバターが回ったら①のパンを加え、塩、胡椒で調味し火を止めます。

6. あら熱を取ったら、牛乳と卵を混ぜたものを2回に分けて加えよく混ぜ合わせます。

7. ⑥を12個くらいに分けて丸め、小麦粉をまぶして成形します。

8. 沸騰した湯に塩を加え、静かに茹でます。皿に温めたブロードをはり、茹で上がった⑦を入れパセリと胡椒を振って完成。

ホウレン草のスペッツレ
Spätzle di spinaci

沸騰した湯に、生地をぽたぽたと落としながら茹でる、とてもユニークなパスタ。今回はホウレン草入りですが、プレーンもポピュラーです。クリームソースと和えて食べるほか、肉料理の付け合わせにも使われます。もっちりした食感が癖になります。

●材料（4人分）

ホウレン草	100g
小麦粉	300g
卵	3個
牛乳	200ml
ハム	150g
チャイブ	少々
無塩バター	大さじ2
生クリーム	150ml
塩、胡椒	各適量
レモンの皮のすりおろし	少々

1. 沸騰した湯に塩少々を加えてホウレン草を茹でます。水けをしっかりと絞ったら、ミキサーにかけてペースト状にします。

2. ボウルにふるった小麦粉、①のペースト状のホウレン草、卵、牛乳を入れてよく混ぜ合わせ、とろりとした生地を作ります。

3. 鍋に湯を沸かして塩を加え、スペッツレ用の道具をのせて②の生地を湯に落としていきます。専用の道具はなくても、おろし金の裏側、クリーム絞りなどで代用できます。

4. 浮いてきたらすくい取り、冷水に入れます。溶かしバターかオリーブオイル（各分量外）で混ぜて保存しておきます。

5. フライパンに無塩バターを入れてとかし、細く切ったハムを炒めます。小口に切ったチャイブも加えます。

6. ④のスペッツレを入れて混ぜながら炒めたら、生クリームを加えて和えます。塩、胡椒で調味し、すったレモンの皮を散らしたら完成。ドイツでは屋台でチーズと一緒に焼いて売られています。

グロースツル
Gröstl

見た目は肉じゃが!? この地方では肉の塊を茹でたり焼いたりしてよく食べるそうですが、その残りの肉で作る家庭的な料理。キャベツのサラダがつきもので、この地方特有のスモークした生ハム、スペックを加えると一層地元風になります。

●材料（2人分）

茹でた牛肉（またはローストビーフ）	200g
ジャガイモ（メークイーン）	2～3個
オイル	大さじ1
無塩バター	大さじ1～2
紫タマネギ（みじん切り）	1/3個分
ニンニク	1/2片
ローリエ	1枚
マージョラム	2枝
レモンの皮のすりおろし	1/2個分
鶏または牛のブイヨン	大さじ3
塩、胡椒	各適量

1. 茹でた牛肉、またはローストビーフは食べやすい大きさに切ります。厚さは1mmくらい。ジャガイモはレンジで5分加熱して皮をむき、冷めたら5mmの厚さに切ります。

2. フライパンにオイルとバターを入れて熱し、ジャガイモの表面（両面）に焼き色がつくように炒めます。

3. 焼き色がついたところでみじん切りの紫タマネギ、叩いたニンニク、ローリエを加え混ぜ合わせます。

4. 紫タマネギが馴染んだら牛肉またはローストビーフを加え、マージョラムの葉、すったレモンの皮を入れて、さらにブイヨンも加えて全体をよく混ぜ合わせます。塩、胡椒で調味します。

5. 器に盛り付けたら、上からマージョラムの葉、すったレモンの皮を振りかけて完成です。キャベツのサラダと一緒にテーブルへ。

キャベツのサラダ

材料（2人分）キャベツ1/4個、クミン 小さじ1/2、塩 適量、オリーブオイル 適量
極薄のせん切りにしたキャベツに塩少々を加えて混ぜ合わせたら少し置きます。しんなりしたら水分を絞り、クミンを加えて混ぜ、さらにオイルも加えてよく混ぜ合わせます。グロースツルには欠かせない簡単で美味しいサラダです。

Trentino Alto Adige

Friuli-Venezia Giulia
フリウリ=ヴェネツィア・ジュリア州

古代ワインの造り手に垣間見られた
フリウリ人のイメージは頑固で禁欲的⁉

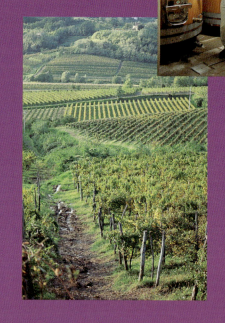

フリウリ=ヴェネツィア・ジュリアは、イタリア最北東にあり、オーストリア、スロヴェニアと国境を接する州です。ナポリからは遠いので、ほんの数回しか訪れたことがありませんが、初めて訪れたときに、ひょんなことからこの州きってのワインの造り手と知り合いました。頑固さ故に、国際的なワイン市、ヴィーニタリーにも参加せず、それなのにガンベロロッソで3カップの最高評価を得たというグラヴナー氏です。その頃、彼はバリック（フランス樽）の達人として知られていましたが、その名声を捨ててボッテ（大樽）とティーノ（木製コンテナー）に変えるのだと話していました。彼が目指していたのは古代のワイン造り。今ではアンフォラ（陶器の大壺）を地中に埋めて醸造しているとか。グラヴナーさんのブドウ畑は、コウモリが居着くように工夫した無農薬の畑で、コウモリが害虫を食べてくれるのだそうで、これも古代のワイン造りの知恵です。強烈な人物と最初に知り合ってしまったため、私のフリウリの人々のイメージ＝グラヴナーさん＝頑固で禁欲的というイメージ。まさか、みんながそうだとは思いませんけれども。彼の奥様には、この地方の伝統菓子「グバーナ」の作り方を教えていただきました。発酵生地にレーズンやドライフルーツをのせ、幾重にも巻き込んで渦巻き状にして焼いたものです。

私たちが訪れていた頃は、お隣のスロヴェニアもクロアチアも終戦直後で、なにかもの悲しい空気に包まれていた気がします。しかし、トリエステの海はとても美しく、ヴェネツィア辺りからヴァカンスにやってきた人々でたいそう賑わうそうです。

Friuli-Venezia Giulia

ヨータ
Jota

フリウリ・ヴェネツィア・ジュリア州きってのワインの造り手、グラヴナー氏の奥様直伝の「ヨータ」は、フリウリ料理を代表する一品。この地方では保存食としてザワークラウトを作るそうです。保存食を使った素朴で家庭的なこの料理に感動しました。

●材料（4人分）

乾燥ウズラ豆（一晩水に漬けて戻す）	60g	ローリエ	1枚
ジャガイモ（今回はシンシア）	2個	ザワークラウト	750g
ニンニク	1片	スモークベーコン（ダイスに切る）	200g
		塩、EXVオリーブオイル	各適量

1. 豆は多めの水でローリエ、ニンニクとともに30分ほど柔らかくなるまで煮ます。まだ塩は加えません。
2. ①に皮をむいて一口大に切り、水にさらしたジャガイモ、やや大きめに切ったベーコンを加えます。
3. ②に蓋をして30分ほど、ジャガイモが柔らかくなるまで煮ます（水はひたひたの量に）。
4. 別の鍋にザワークラウトを入れ、ひたひたの量の水を加えて約30分煮ます。煮上がったらコランダー（水きり用ボウル）に取って、水けをよくきっておきます。
5. 煮込んでいたジャガイモは一旦鍋から取り出すか、鍋に入ったまま網杓子等ですくい上げるなどして、すべてをフォークでざくざく潰して、鍋に戻します。
6. ⑤に④のザワークラウトを加えてよく混ぜ合わせ塩で調味します。
7. 水が少なければ足して強火にかけて沸騰したら火を弱めて約10分煮ます（一晩置くと、さらに美味しくなります）。器に盛り付け、好みでオリーブオイルをかけます。

厚焼きフリコ
Frico di patate

私の、最も好きな料理のひとつ。ほとんどチーズとポテトでできているこの厚焼きフリコはボリューム満点！前菜としてだけでなく、セコンドとしてもお勧めです。美味しく作るポイントは、チーズに熱が入って、固まってくるまでじっくり待つこと。

●材料（4人分）

ジャガイモ（今回はキタアカリ）	600g	タマネギ	200g
チーズ（フォンティーナ、グリュイエール等）	400g	無塩バター	100g

1. タマネギは繊維に沿って極薄くスライスし、ジャガイモはダイスにカットします。
2. テフロン加工のフライパンにバターとタマネギを入れて火にかけ、タマネギが透明になるまで炒めたらジャガイモを加え、柔らかくなるまで弱火で炒めます。
3. ②のジャガイモが十分に柔らかくなったら、フォーク等を使って、ジャガイモ感を残しつつ軽く潰します。
4. チーズも加え、上からスプーン等で軽く押さえて平らにします。蓋をして極弱火で10〜15分、濃いめの焼き色がついて固まるまで焼きます。
5. ④に脂がたくさん浮いてきたらキッチンペーパー等で取り除き、蓋や大皿を使って裏返します（周囲をしっかり焼くと裏返しやすい）。
6. 裏も同じように焼いたら出来上がり。皿やボードにのせたら切り分けて熱々をいただきましょう。

薄焼きフリコ
Frico croccante

とても簡単に作れるのに、とっても美味しい薄焼きフリコは、おつまみに最適。今回は、フリウリの伝統にならいモンターズィオを使いましたが、パルミジャーノ等でも美味しくできます。空豆を入れたのは私のアイデア。とても好評です。

●材料

モンターズィオ※P.114参照	適量	クロワッサン	1個
小麦粉	適量	タイム	適量
空豆	適量	黒胡椒	適量

1. モンターズィオは粗めに、たっぷりおろしておきます。
2. テフロン加工のフライパンを熱し、おろしたモンターズィオをのせて丸くなるように焼きます。溶けてきたら小麦粉少々を茶漉し等でふるいながらかけていきます。
3. 裏返したら黒胡椒を振りかけて、反対側も焼きます。
4. 焼き色がついたら、キッチンペーパーの上に取り、冷まします。プレーンな薄焼きフリコはこれで完成です。冷めてもサクサク感は損なわれません。
5. アレンジは、②の小麦粉を振りかける前に、薄皮をむいて開いた空豆をのせます。
6. 小麦粉を振りかけダイスに刻んだクロワッサンをのせて焼き、裏返して③と同様に反対側も焼いたら冷まします。器に入れタイムを添えて完成。

カボチャのニョッキ
Gnocchi di zucca

Friuli-Venezia Giulia

フリウリで出合った、いくつかの〝変わり種ニョッキ〟のひとつ。中心にプラムが入ったもの、栗のニョッキ等々。その中で、最も手軽で馴染みやすいのがこのニョッキ。形はカボチャの質次第で、手で丸められないほど柔らかくなった場合は、絞り袋で絞り出し、ナイフで切りながら湯に落として茹でます。

● 材料（2人分）

カボチャ	500g
小麦粉	120g
卵黄	1個
パルミジャーノ	大さじ1〜2
ナツメグ、塩	各適量
バター	40g
リコッタアッフミカータ※P.115参照（あればリコッタカルニカ）	適量

1. カボチャは薄切りにしたら、オーブンシートを敷いた天板の上に並べ、ホイルで覆って（蒸気が逃げるよう縁に隙間を作りふんわり被せる）200℃のオーブンで蒸し焼きにします。串が通るくらいになったらホイルを外して冷まします。

2. ①がまだ温かいうちにマッシュします（カボチャの水分が多いときは完全に冷ましてからマッシュします）。

3. ②に小麦粉、卵黄、パルミジャーノ、ナツメグ（おろす）、塩を加えながら、スクレーパー等を使って混ぜ合わせ、練ります。

4. ③の水けが多い場合は絞り袋を使い、硬めの場合はニョッキボードを使って成形します。今回は細長く伸ばして約1.5cm幅にカットしました。

5. 成形したら、沸騰した湯に塩を加えて茹でます（茹で時間は生地の硬さで異なります）。

6. フライパンにバターを入れて溶かし、少し焦げて香りが立ってきたところに、茹で上がった⑤を加えて和えます。器に盛り付け、粗めにおろしたリコッタアッフミカータをたっぷり振りかけたら完成です。

州都：ミラノ

Lombardia
ロンバルディア州

カツレツなどの肉料理が
有名ですが、
実は川魚料理も盛んな街

ロンバルディア州にはイタリア第2の都市・ミラノがありますが、10代の頃からイタリアに行き始めて結婚するまでほとんど縁のない土地でした。数少ない思い出の一つがミラノ中央駅でのこと。ナポリでも泥棒の被害にあったことのない私が、ナポリ人のジロと一緒だったにもかかわらず、鞄を置き引きされる！という悲惨なもの。でも、2000年にミラノ・マルペンサ空港が拡大されたそのオープンの日、偶然にも空港を利用し、記念の薔薇の花をいただいたことで印象がよくなり（笑）、日本からの直行便も増えてミラノが身近になった気がします。その後、3匹の愛犬をミラノ郊外に住むブリーダーさんから買ったので何度も通いましたし、ミラノ郊外で行われるドッグショー通いも楽しみになりました。
ロンバルディアは海のない州ですから、各地の郷土料理も肉中心の素朴なものが多いのですが、ポー川流域にはイタリア最大の米の産地があり、そこで捕れる小さなカエルや小魚、リゾート地として有名な幾つかの湖の淡水魚の料理など、川魚好きの私には嬉しい魚料理もいろいろあるとても興味深い州です。

ゴンザガ風チキンサラダ

そば粉のおつまみ〝シャット〟

ミラノ風カツレツ

ゴンザガ風チキンサラダ
Insalata di pollo dei Gonzaga

マントヴァの貴族、ゴンザガ家の料理人が考えたと言われる一品。バルサミコ酢をかけるとより一層美味しくなります。トレビスの苦みと歯応えが小気味よく、レーズンとオレンジの甘さや酸味がチキンの旨みを引き立て、パルミジャーノも効いたサラダです。

●材料（4〜6人分）

鶏もも肉	1枚
トレビス	小1個
松の実	60g
サルタナレーズン	大さじ4
パルミジャーノ	40g
EXVオリーブオイル	大さじ6
塩、胡椒	各適量
バルサミコ酢（とろみの強いもの）	少々
ワインビネガー	適量
オレンジ	1/2個

1. 鶏肉は脂と皮を取り、レモン汁、塩、白胡椒、輪切りにした唐辛子（すべて分量外）にしばらく漬けておくと臭みが取れ、余分な水分も出てぐっと美味しくなるのでお勧めです。その後、茹でて冷ましておきます。

2. サルタナレーズンは水に浸けて戻しておきます。

3. 松の実はフライパンで少し焦げるくらいに、香ばしくなるまで煎って冷まします。

4. トレビスは底の芯の部分に切れ目を入れて手で裂いてから一口大にちぎって水にさらします。

5. ボウルにオリーブオイル、ワインビネガー、塩、胡椒、水けを拭いたサルタナレーズンを入れてよく混ぜ合わせたら、手で細く裂いた①の鶏肉と、皮をむいて房ごとに分け、薄皮もむいたオレンジを入れてよく和えます。

6. 水にさらしてパリッとさせた④のトレビス、そぎ切りにしたパルミジャーノ（一部トッピング用に残す）、松の実を加えて和えたら皿に盛り付け、パルミジャーノを散らし、バルサミコ酢を回しかけたら完成です。

そば粉のおつまみ〝シャット〟
Sciatt

スイスとの国境の渓谷にあるヴァルテッリーナ地方では、小麦や米が育たず、代わりに昔からそばが栽培されてそば粉が作られてきました。そば粉のパスタ〝ピッツォッケリ〟はよく知られています。そば粉を使ったこのご機嫌なおつまみは、ミラノでも流行の兆し。ちなみにシャットは、ひきがえるの意味です。

●材料（3〜4人分）

そば粉	100g
グリュイエールチーズ	100〜150g
小麦粉	50g
グラッパ	小さじ2
ガス入りミネラルウォーター	約180㎖
重曹	1g
塩	適量
揚げ用オイル	適量

1. そば粉と小麦粉を合わせてふるいにかけたものをボウルに入れ、塩と重曹を混ぜ込み、ガス入りのミネラルウォーターを少しずつ加えながら混ぜ合わせます。

2. ①にグラッパも加えて混ぜ、どろどろした状態になったらラップを被せて30分ほど冷蔵庫で寝かせます。

3. 揚げ用のオイル（ピーナッツオイル等）を火にかけて揚げる準備をします。

4. グリエールチーズを約1cm角のダイスにカットします。それを②の生地に投入して、スプーン2本を使い、生地でチーズをしっかり覆うようにして絡ませていきます。

5. 生地を絡ませた④のチーズを油に落として揚げていきます。

6. 薄いきつね色になったらキッチンペーパー等に取り、油をきります。器に盛り付けたら熱々をいただきましょう。

※チーズは、本来はイタリアDOP指定のヴァルテッリーナ地方のチーズ「ビット」が使われます。
※そば粉は日本のそば粉でもよい。

ミラノ風カツレツ
Cotoletta alla milanese

ミラノの名物料理といえばオーソブッコにミラノ風リゾット、そしてコトレッタ。ミラノの伝統料理を出す店では、これでもかっ！というほど巨大な肉が出てきますがコトレッタも然り。大きなお皿からはみ出しそうなほど伸ばして揚げた〝オレッキア・ディ・エレファンテ（象の耳）〟にレモンをたっぷり搾って！

●材料（4人分）

仔牛肉（できれば骨付き）	4枚
卵	2個
パルミジャーノ（おろす）	小さじ2
イタリア風パン粉（※）	適量
小麦粉	適量
塩、白胡椒、黒胡椒	各適量
無塩バター	適量
揚げ用植物オイル	適量
ルッコラ、プチトマト	各適量
レモン	適量
EXVオリーブオイル	適量

1. 仔牛は骨付きのものをカットし、1cmくらいの厚さに開いて、イタリア風パン粉少々を振りかけながら「象の耳」のようになるまでよく叩いて伸ばし、塩、白胡椒を振ります。

2. ①に小麦粉をまぶし、手で叩いてはたき落とします。

3. 卵を溶き、おろしたパルミジャーノを混ぜ合わせてバットに入れたら、肉を浸して、次はパン粉をまぶします。パン粉に押しつけるようにして、全体にまんべんなくしっかりと定着させます。

4. フライパンでオイルを熱して③を入れ、揚げ焼きにします。途中で無塩バターを加え、香りと焼き色をつけたらお皿へ。オリーブオイルと塩で和えたルッコラとカットしたプチトマトのサラダ、レモンを添え、黒胡椒を振りかけて完成。

※イタリア風パン粉の作り方はP.112へ

Lombardia

左上・そば粉の生産地、スイス国境に接するヴァルテッリーナ地方の風景。ここの名物・そば粉のパスタ〝ピッツォッケリ〟は格別です。右上・ミラノのガレリアで出会った、愛犬・ペルラと同じホワイトボクサー。左下・近頃、ミラノで大人気の「シャット」の店。

Piemonte ピエモンテ州

ピエモンテと言えばトリュフとバローロ！
スローフード発祥の地としても有名です

ピエモンテ州はスローフード発祥の地として知られています。1986年、ローマにマクドナルドが開店し、ファストフードに対してのスローフード運動が始まっ

たと言われています。その年、ちょうどローマに居合わせ「イタリア最初のマクドナルド」（実際は第2号店とか）を見に行ってちょっとショックだったので、スローフードには共感を覚え、トリノで開催されるスローフードの食の祭典「サローネ・デル・グスト」には初回からしばらく通いました。ちょうど同じ頃に、アルバではトリュフ祭りが開催され、トリュフハンター（と、相棒のトリュフ犬）たちが採ってきたトリュフが並びます。奥には〝トリュフがけ目玉焼き〟のイートインのコーナーがあります。
そして、イタリアきっての名ワイン、バローロの生産地としても有名です。バローロはネッビオーロ種のブドウで造られますが、その名前はネッビア＝霧に由来し、霧の多いこの地方特有の気候の中で育ちます。そして、この霧はトリュフの生育にも欠かせないのだそうです。私が初めて白トリュフを買ったのは28年前。白トリュフを冷蔵庫に入れておいたら数時間後には部屋中にトリュフの香りが充満し、冷蔵庫のクッキーや果物までトリュフ風味に！ 米の中にトリュフを入れて東京に持ち帰る方法はそのときに習いました。白トリュフの風味がしっかりついた米で作るリゾットはもちろん格別ですが、卵こそが白トリュフとは一番相性がいいとされているのです。

牛肉のブラサート
Brasato

赤ワインが自慢の土地のワイナリーで食事に招待されると、メイン料理はたいてい肉の赤ワイン煮込みです。ピエモンテならブラサート。美味しい赤ワインを贅沢に使って煮込んだブラサートですから、たとえ上手にできなくても……それなりに出来上がる、ワインの素敵なマジックです。

●材料 (4人分)

牛スネ肉	約1kg	黒胡椒	適量
ニンニク	1片	ニンジン	1/2本
ローリエ	適量	セロリ	1/2本
ローズマリー	適量	赤タマネギ	1/2個
クローブ	適量	辛口赤ワイン	約1本
ジェニパー	適量	日本酒	適量
		塩、胡椒、オリーブオイル	各適量

1. 肉は食べやすい大きさ（やや大きめ）にカットし、適当な大きさにカットした野菜、ハーブ、スパイスを入れた赤ワイン（肉が浸かる量）に一晩漬け込みます。

2. ①をザルで濾して、赤ワインと肉、野菜に分けます。ローズマリーだけは苦みが出るので取り除きます。

3. ②の肉の水分をキッチンペーパーでしっかりと拭き取ったら、よく熱した鍋にオイルをひき、表面をしっかりと焼きます。

4. 肉をバット等に取り出し、鍋の中の余分なオイルを捨て、①の野菜とハーブを炒めます。

5. ④の野菜が柔らかくなったら、肉を加えて塩・胡椒をし、別の鍋で沸騰させてアルコールを飛ばした①の残りの赤ワインと日本酒、そして、肉を漬けた赤ワインも加えて2〜3時間煮込みます。途中で水分が不足したら湯を加えます。または、鍋にしっかり蓋をして、予熱した170℃のオーブンで2〜3時間煮ます（圧力鍋なら約1時間半）。

6. 最後に塩で調味したら完成です。※出来上がったものを一晩置くと肉から出た旨みが肉に戻り更に美味しくなります！

白トリュフのリゾット
Risotto al tartufo bianco

Piemonte

白トリュフを入れて香りづけした米で作ると、より風味豊かになります。米は、グルテンの量が少ないため粘りけが少なく、粒がしっかりしてアルデンテの状態が長く続くイタリア米（カルナローリ等）を使用してください。

● 材料（4人分）

白トリュフ	適量	オリーブオイル	適量
エシャロット	1個	イタリア米	320g
肉のブロード	約1ℓ	塩	適量
バター	大さじ2	白胡椒	適量
		パルミジャーノ	適量

1. 鍋にオイル少々とバター（大さじ1）、みじん切りにしたエシャロットを入れ、水少々（分量外）を加えて炒めます。水が蒸発してエシャロットが透明になるまで炒めます。

2. トリュフで香りづけしておいた米を洗わずに加えます。米粒が透明になり、熱くなるまで炒めます。米を少量手でつまんで熱くなっているか確かめてください。

3. 別の鍋で肉のブロードを沸騰させ、②の鍋に一気に注ぎ入れます。しばらく鍋底をこそげるようにしてよく混ぜたら、蓋をして10分ほど、米がアルデンテになるまで煮ます。

4. ③を火からおろし、残りのバター、おろしたパルミジャーノを加えて乳化させたら塩、胡椒で調味し、蓋をして1分ほど蒸らします。器に盛り付け、白トリュフをおろしながら振りかけたら完成です。

トリュフとスクランブルドエッグ
Uova strapazzate al tartufo

「トリュフと合わせるスクランブルドエッグは、白身にだけ火を通し、黄身はソースのようにそれに絡める」と教わりました。少量作るときは黄身を潰しながら皿に盛る早業で。

● 材料

白トリュフ	適量	バター	10g
卵	2個	塩	適量

1. 熱したフライパンにバターを入れたら一旦火からおろし、ボウル等に割り入れておいた卵を加えます。

2. 火にかけて塩を振り、固まってきた白身のみを剥がすようにしながら加熱。

3. 白身に火が通ったところで火からおろし、黄身もざっくりと混ぜ合わせます。器に盛り付け白トリュフをおろしながら振りかけます。

トンナート（仔牛のツナソース）
Vitello tonnato

昔風パンナコッタ
Panna cotta

Dolce

Piemonte

今ではイタリア全土どこでも、夏のメニューに欠かせないトンナートは、ピエモンテの伝統料理。ピエモンテはトスカーナのキアナ牛と並んで美味と評判のファッソーネ牛の産地で、このトンナートやブラサート、そして生肉のカルネクルーダなどの肉料理が豊富です。

●材料（4人分）

仔牛もも肉（塊で）	700g〜1kg		
マヨネーズ※手作りがお勧め	約180mℓ	凧糸	
〈煮込み用〉		〈ツナソース〉	
国産レモン	1切れ	ツナ缶詰	1缶（130g）
白ワイン	1〜2カップ	アンチョビ（フィレ）	4〜5枚
ローリエ	1枚	塩漬けケイパー（要塩抜き）	大さじ2+飾り用
白胡椒（粒）	5〜6粒	EXVオリーブオイル	50mℓ
タマネギ、ニンジン、セロリ各1/2個		レモン汁	大さじ2

1. 深めの鍋に、凧糸で巻いた肉、適当な大きさに切ったタマネギ等の野菜類と煮込みの材料を入れ、肉がかぶるくらいの水と適量の塩（ともに分量外）を加えて、アクをひきながら1〜2時間煮込みます。

2. ①の肉が竹串を刺してすっと通るくらいの柔らかさになったら、鍋を火からおろし、そのまま鍋ごと冷ましておきます。その間にマヨネーズを使ったツナソースを作ります。

3. ツナソースの材料（ツナ缶は油ごと）をフードプロセッサーにかけ、クリーミーになったらマヨネーズも加えます。さらに②の肉の煮汁を加えてとろみを調整します。

4. ②の肉を取り出して薄切りにします。それを皿に敷き詰めるように並べたら、③のソースを肉が隠れるくらいたっぷりとかけて白胡椒（分量外）を振り、ケイパーを散らしたら完成です。

※マヨネーズの作り方はP.112へ

パンナ（生クリーム）をコッタ（煮る）という名前の通り、生クリームを煮て作るお菓子。パンナコッタに必須のゼラチンを使わないのが〝昔風〟の所以とか。添えるのは、私のオリジナルレシピで作る半加熱のイチゴのソース。ぐっと華やかな味わいに。

●材料（直径20cm型1個分）

生クリーム	400mℓ	バニラビーンズ	適量
グラニュー糖	120g	イチゴ	1パック（中16粒くらい）
卵白	大3個分	グラッパ	少々
塩	少々		

1. 鍋に生クリーム、グラニュー糖（75g）、バニラビーンズ、塩を入れて火にかけて混ぜ、煮立ったら火を弱めてさらに4〜5分静かに煮ます。火からおろして時々かき混ぜながら冷まします。

2. ボウルで卵白を泡立てます。

3. ①の鍋が冷めたら、②の泡立てた卵白を加えて混ぜ合わせます。

4. よく混ぜ合わせた③を、ザル等を使って漉します。

5. バター（分量外）を塗った型に流し入れます。

6. 天板に⑤の型をのせ、湯を張って湯せんにし、150℃に温めたオーブンで約1時間焼きます。表面が焦げるようならアルミホイルを被せます。

7. 焼きあがったら、あら熱を取ります。冷蔵庫で冷やしても。

8. イチゴは大きいものは半分にカットしてグラニュー糖（45g）とともに鍋に入れ、中火〜強火でグラニュー糖が溶け、イチゴの表面に火が通るまで火にかけます。

9. グラッパを加えてミキサーにかけたら冷まします。

10. ⑦を型から外して取り分けて、イチゴソースをかけたら完成です。

Valle d'Aosta
ヴァッレ・ダオスタ州

ブドウの代わりにリンゴを使うなど、
寒冷な気候だからこそつくりだされる
美味しさがここにはあります

ヴァッレ・ダオスタ州はイタリアの西北の端にあり、風光明媚な山岳地帯や渓谷地帯には小さな美しい町が点在しています。南イタリアに本拠地のある私には、実は少し縁遠いところです。モンテビアンコ（モンブラン）やチェルビーノ（マッターホルン）など世界に名だたる高い山々に囲まれた渓谷地帯は、空気も景色も雰囲気もスイスそのもの。ミラノあたりの友人たちはヴァッレ・ダオスタにスキーを楽しみに訪れるのだそうです。

以前、ヴァッレ・ダオスタにある、今は使われていない古い農家を案内していただいたときのことです。手前にはオリーブを挽くような石臼、奥にはワインを造るときに使う桶がありましたが、意外なことに石臼はクルミオイル、奥の桶はシードルを作るために使われたとのこと。地産地消が必須の昔、寒冷な気候のヴァッレ・ダオスタではオリーブが採れず、その代わりとしてクルミをオイルに、同じ理由でブドウの代わりにリンゴでお酒を造ったのだと伺って納得。自然と共存する知恵に感動したことを思い出します。

イタリア国内でもさまざまな土地を訪れたときの一番の楽しみは、その土地ならではの昔ながらの食に触れること。寒いヴァッレ・ダオスタではチーズ！ チーズ！ 肉！ またチーズ！ で（笑）、自然に体が温まりました。昔ながらに炭火で焼いたポレンタの美味しさには「炭の力でこんなに美味しくなるの！」と、感激。また、この地方には「グロッラ」という飲み口が複数付いた奇妙な形の木の器があり、コーヒー、グラッパ、砂糖、オレンジの皮、シナモン等を入れて回し飲みをする習慣があるそうです。

ヴァルペッリーナ風スープ
Zuppa di Valpelline

この地方の代表的なスープ。体の温まるスープですが、毎年7月最後の日曜日にはこのスープのお祭りがあるそうですから冬の定番料理というわけではなさそうです。美味しいブロードとフォンティーナチーズが味の決め手。今回のブロードは鶏、豚、牛を使用しました。

●材料（6人分）

パン（もちもちしていないもの）	5～6枚
チリメンキャベツ	大きめ5～6枚
フォンティーナチーズ※P.114参照	200g
ブロード	500ml
シナモン	適量
バター	適量

1. チリメンキャベツは葉を手で外し、塩少々を加えた湯で5分ほど茹でます。

2. 茹で上がったら軽く水けをきり、食べやすいように長方形にカットしていきます。

3. パンはキャセロールに入る大きさにスライス。トーストして焦げ目をつけます。

4. キャセロールにトーストしたパンを敷き、その上に②のキャベツをのせます。

5. ④の上に薄くスライスしたフォンティーナチーズをのせ、それがかぶるくらいブロードを注ぎ、シナモンを振ります。

6. バターを少しずつちりばめるようにのせ、160℃のオーブンで15～20分焼いたら完成です。

焼きポレンタのフォンドゥータがけ
Polenta con fonduta alla valdostana

Valle d'Aosta

フォンデュといえばスイスが有名ですが、ヴァッレ・ダオスタの名物でもあります。ただ、チーズに具を浸す方式ではなく、ポレンタにトロトロふわふわのフォンドゥータをかけて食べます。現地でポレンタも炭火で炊いてもらい、その美味しさに炭火の力を実感した一品。

●材料（3人分）

〈ポレンタ〉

ポレンタ粉	150g
水	750ml
塩	3.5g

〈フォンドゥータ〉

フォンティーナチーズ	150g
（※P.114参照）	
牛乳	125ml
卵（卵黄と卵白に分ける）	1個

1. フォンティーナチーズは1cm角にカットして牛乳に浸けて一晩置きます。

2. 深めの鍋に水と塩を入れ沸騰したら火を弱めてポレンタ粉を少しずつ加えて泡立て器で混ぜ、すべての粉が入ってよく混ざり、沸騰してきたら火を強めます。

3. 泡立て器を木ベラに替え、常にかき混ぜながら40分ほど加熱します。ポレンタの底から気泡が上がってくる状態が理想。炊飯器で炊くと手軽です（作り方はP.76へ）。

4. ポレンタが木ベラや鍋肌から離れる状態になったら出来上がり。器（深めのもの）に流し入れ、ラップを掛けて冷まします。

5. ④のポレンタが冷めて固まったら器から取り出して1cmほどの厚さの長方形にカットします。

6. オイル（分量外）を塗り、よく熱したフライパンかグリルパンで両面に焦げ目が付くまで焼きます。

7. 牛乳に浸して一晩置いた①のフォンティーナチーズを牛乳ごと鍋に入れ、卵黄を加えて湯せんにかけます。湯せんの湯を沸騰させ、かき混ぜながら20分ほど加熱します。

8. 最後に、泡立てた卵白を加えてよく混ぜ合わせたら、シノワ（または目の細かいザル）で漉します。

9. ⑥のポレンタを器に盛り付け、上から⑧のフォンドゥータ（ソース）をたっぷりかけたら完成です。

ヴァッレ・ダオスタにあるリンゴ料理専門店で食べたお洒落なサラダを家庭料理にアレンジしてみました。実はリンゴを使ったサラダがちょっと苦手なのですが、このリンゴが主役のサラダは大好きなんです。

アオスタ風サラダ
Insalata aostana

●材料（3～4人分）

リンゴ（フジ使用）	2個	ロメインレタス	適量
クルミ	150g	レモン汁	1個分
セロリ（茎の上の部分）	2～3本	マスタード入りマヨネーズ	適量

1. クルミはオーブンで軽くトーストして砕いておきます。

2. リンゴは皮をむかずに極細のスティック状にカットしてレモン汁で和えておきます。セロリは薄切りに。中の方の茎なら葉の部分もカットして入れましょう。

3. ロメインレタスを手で食べやすい大きさにちぎります。

4. ボウルに①と②と③を入れて、マスタード入りマヨネーズ（是非手作りで）を加えて和えたら完成。

※マヨネーズの作り方はP.112へ

ファヴォー
Favò

Valle d'Aosta

空豆（ファーヴェ）をたっぷり使うので〝ファヴォー〟。フォンティーナチーズ、バター、そしてパルミジャーノチーズ！ という寒いヴァッレ・ダオスタならではの、相当ガッツリ系のパスタです。たっぷりの澄ましバターで炒めたクルトンがカリカリと香ばしくてたまらない一品です。

●材料（4人分）

空豆（冷凍でよい）	250g	パルミジャーノ	50g
タマネギ	中1/2個	パスタ（ジェノヴェジーネ・リガーテ）	300g
トマト	1個	塩	適量
フォンティーナチーズ※P.114参照	200g	〈クルトン〉	
トマトピューレ	100g	バター	適量
バター	大さじ2	パン（もちもちしていないもの）	適量

1. タマネギはみじん切り、トマトは乱切りにします。空豆は薄皮もむいておきます。

2. フライパンにバターを入れて火にかけ、タマネギを加えて炒めます。タマネギが透明になったらトマトも加えてさらに炒めます。

3. パスタを茹で始めます。

4. ②の材料がよく馴染んだところで空豆を入れます。トマトピューレも加えてよく混ぜ合わせたら塩で調味します。

5. 茹で上がったパスタを入れてよく和えます。

6. ⑤に、細かく切ったフォンティーナチーズを加えて溶かしながらよく和えます。仕上げにおろしたパルミジャーノも加えます。器に盛り付けてクルトンをのせたら完成です。

●クルトンの作り方

1. バターは耐熱のボウル等に入れてレンジで温め、澄ましバターにします。使用するのは上澄みのみ。沈殿している部分を使うと焦げやすくなるので要注意。

2. パンは外側の皮を削り取ってから、1.5cm角くらいの大きさにカットしておきます。

3. 温めたフライパンに①の澄ましバターを入れます。②のパンを加えて炒めます。全体に焦げ目がつくまでよく炒め、キッチンペーパー等の上に取ったら完成です。

3 Dialogo

パンツェッタ・ジローラモさん&貴久子さん　夫婦対談③

「新たな人との出会いが、北イタリアの味を知るきっかけに」

キッコの料理を食べると出会った人や景色を思い出しますね

♥**貴久子**「近々、シミリ姉妹に会いに行く予定なの」

◆**ジロ**「わあ、懐かしいですね。ボローニャのシミリ姉妹！ キッコのパンとパスタの先生。双子だけどぜんぜん似てない。乾麺はナポリ、グラニャーノが有名ですが卵を使う手打ち麺はエミリア・ロマーニャですから。本場で習いましたね」

♥**貴久子**「数カ月滞在してしっかり習いました。ジロが先生のお勧めの工房でパスタ台を買って、日本まで担いで持ち帰ってくれたのよね。今も愛用してます」

◆**ジロ**「大変だった(笑)。でも、そのおかげで美味しいパスタが食べられるから苦労は報われてますね」

♥**貴久子**「ボローニャでは連日のバターやチーズをたっぷり使う重たい料理に辟易してマクドナルドに飛び込んだことがある。でも、バンズが意外と、あ、失礼、美味しくてびっくり。日本のとは違ってた」

◆**ジロ**「イタリア人はパンが大好きだから、そういうパンにも拘ると思いますよ」

♥**貴久子**「パンといえば、イタリアの食堂ではお客さんに出したパンが残ると、次の別のお客さんに出してるところもあるでしょう。だから真ん中辺りのを取るようにしていて、カサカサしてたら食べない(笑)」

◆**ジロ**「イタリアのパンは日本のパンと違って焼いた次の日も美味しいからね。カサカサのは古かったんじゃないのかな」

♥**貴久子**「そういえば、イタリアは〝かまどパン屋〟が郊外にありますね。日曜になるとみんな車で買いに行く」

◆**ジロ**「そうそう、昔は自分で作ったパンの生地をアッシという板ごと頭にのせて、そういう窯がある店に持って行って焼いてもらっていました。大きなパンで、だいたい1週間分。焼きたては温かくて、毎日味わいが変わっていく。子供の頃おじいちゃんと二人で焼きたてのパンを全部食べちゃったことありました。焼きたてのパンは体に悪いと言われているけど、本当にお腹痛くなったよ」

♥**貴久子**「嘘か誠か、焼きたてはまだ酵母が生きてるから体に悪いと。でもあんなに焼いたら酵母は死んでると思うわ」

◆**ジロ**「フリウリでは超オタクのワイン醸造家、グラヴナーさんに出会いましたね」

♥**貴久子**「町でジロが一緒に遊んだ子供のお母さんが偶然、ワインを造っている人で、彼女とワインの話をしていたら、おもしろい人がいるから紹介してあげると言われて連れて行ってくれたのがグラヴナーさんのワイナリーだったのよね」

◆**ジロ**「そうです。彼はバリック(フランス樽)を使ったワイン造りの達人として知られていて、シャルドネでは高い評価を得ていたのに、あるとき地元のブドウと古代のワイン造りに拘るぞ！ と決めて、今では地中に埋めたアンフォラというテラコッ

ロンバルディアの山岳地帯、ヴァルテッリーナのソンドリオ町にある、トリアッカさんのワイナリーでヴァルテッリーナ風のピッツォッケリという、短冊状のそば粉のパスタを教えていただいたときの様子。下は、ピッツォッケリの茹で上がりを待つトリアッカさん。

左・イタリアのお米大使としてTVでもお馴染みのフェロンシェフ。以前、彼と一緒に、お米料理のみを紹介する『お米で新鮮イタリアン』を出版しました。右・無形文化財に指定されているフェロンさん所有の精米所内の精米機。

タの壺でワインを造ってます」

♥貴久子「今や彼はアンフォラを使う醸造法の開祖的な存在としてとても有名。料理上手の奥様に教えていただいた伝統料理の〝ヨータ〟もこの本で紹介しています」

◆ジロ「彼の情熱は素晴らしい。ワインも素晴らしいし。偶然が偶然を呼んだ出会いでしたね。彼のように伝統を大切にしている人の家に招かれると、伝統的な地元の料理をご馳走してくれて、レストランで食べるのとは全然違う楽しみがある」

♥貴久子「そういう出会いがないとオタクなイタリア料理は学べないわ」

◆ジロ「イタリアの人は郷土愛が強いから、自慢のものをたくさん紹介してくれるし、料理も喜んで教えてくれます。自慢話も長いけど(笑)。自慢料理を食べてもらえないと傷ついちゃうんです」

♥貴久子「そう。たくさん食べたし、たくさん教えていただきました。ワイン街道があるトレンティーノにもよく行ったわね」

◆ジロ「いつも海ばかりだから、たまには山にも行ってみよう、と行ってみたら……周りはおじいさんとおばあさんばっかり!」

♥貴久子「若者はみんな海に行くから(笑)。イタリアのお米大使のフェロンさんとは一緒にお米料理の本を作りましたね」

◆ジロ「ロンバルディアのイゾラ・デッラ・スカーラ村にある彼のお店では、前菜からメイン、デザートまでお米が使われていてビックリ。おもしろかったですね」

♥貴久子「彼の精米所はイタリア最古。400年以上変わらずに、水車と大理石の臼で精米する様子に感激しましたっけ」

◆ジロ「そのご縁でフェロンさんとキッコが一緒にリゾットの本を出して、それで2000年にヴェローナ市から〝ジュリエッタ賞〟を授賞したんですよね。懐かしい」

♥貴久子「以前、ピッツォッケリというそば粉のパスタが作ってみたくて、いろいろな本で調べて作ってみたら、ジロは〝これはもう作らなくていいです〟って言ったでしょう(笑)」

◆ジロ「キッコの料理は全部美味しいからそんなこと言わない。と、思う……」

♥貴久子「実は自分でもいまひとつだったなあと思って(笑)。その後、ロンバルディアにあるピッツォッケリの本場の町、ソンドリオに行ってトリアッカというワイナリーでピッツォッケリを作ってもらったら、美味しくてビックリ。作り方をしっかり教えていただきました。帰国後に家で作ったらジロも美味しいって」

◆ジロ「トリアッカのワインもミラノで偶然飲んで美味しかったから訪ねていったんだったね。二人ともいろいろ旅をしてきましたが、人、料理、ワイン……いっぱい出合いがあるから旅はおもしろい。料理は化学みたいな側面もあって、日本人は繊細だし、研究熱心だから同じようなものは作れると思う。でも、現地で食べるとその料理が作られる理由や歴史がわかって楽しい」

♥貴久子「美食という点では日本も凄く進んでいると思うけれど、現地で食べる楽しみとはまた違うことだから」

◆ジロ「キッコの料理にはたくさんの思い出も詰まってる。食べると、その土地の風景や出会った人々を思い出します。また一緒にイタリアを巡りましょうか」

♥貴久子「そうね、まだまだ知らないことがたくさんあるはず。でも、ホテルは予約してから行きましょうね」

◆ジロ「あはは、そうしましょう!」

お宅に招かれて伝統的な家庭料理を教えていただくのは凄く楽しい

ティーノ(木製コンテナー)の前に立つ、古代ワイン造りに燃えるワイン醸造家のグラヴナーさん。

撮影協力/Baxter Japan

ちょっとオタクなイタリア料理店ガイドin TOKYO ③ 北部編 —一見、日本では馴染みが薄そうな北イタリア料理ですが、

Piemonte ピエモンテ州

オストゥ
渋谷区代々木5-67-6 代々木松浦ビル1F ☎03-5454-8700 営火木金18:00〜23:00(22:00L.O.)
月土日祝12:00〜14:30(13:00L.O.) 18:00〜21:00(L.O.) 休水 http://www.ostu.jp/

■ 革新的な料理と伝統料理
どちらも心ゆくまで味わえる

宮根正人シェフが修業したのは、ピエモンテ州のバローロ村にあるリストランテ。郷土料理に傾倒していたオーナーシェフのフィルターを通し、リストランテの料理として作り上げられた郷土料理の数々はとても魅力的で、今も彼から学んだことを変えずに守っているのだという。メニューは、旬の食材を使ったクリエイティブな内容のコースと、ピエモンテの郷土料理が並ぶアラカルトメニューの二本立て。一つの料理の中に伝統とクリエイティブな要素を交ぜることはせずに、別々の一皿として混在させているのでどちらも楽しむことができる。ピエモンテ郷土料理づくしのコースは前日までに要予約。

右・「佐賀県産酵素ポークの自家製サルシッチャとピゼッリ和え 自家製細打ちパスタ〝タヤリン〟」¥2,000。タヤリンは卵黄を使った軽やかなパスタ。ピゼッリはグリンピースのこと。季節で食材や組み合わせは替わるが、味の決め手となるサルシッチャは必ず使う。例外はポルチーニを使う場合と、バターソースで和えて白トリュフを添えるとき。左・「国産牛ほほ肉の〝ブラザート アル バローロ。伝統的な調理法で」¥3,400。伝統的な調理法とは、赤ワインだけで煮込むやり方。使用する赤ワインは、ピエモンテで生産される名ワイン、バローロだ。

Trentino-Alto Adige トレンティーノ・アルト・アディジェ州

ダ・オルモ
港区虎ノ門5-3-9 ゼルコーバ5-101 ☎03-6432-4073
営火〜金11:30〜14:00、月〜土18:00〜23:00 休日祝 http://www.da-olmo.com/index.html

■ 地方の歴史を感じさせる他国の
影響を受けた郷土料理の味わい

20州中、最も北に位置するトレンティーノ・アルト・アディジェ州は、スイス、オーストリアと国境を接し、南チロル地方とも呼ばれるアルト・アディジェ地方は食文化にもドイツの影響が色濃い。「そこでイタリア人としては何とか自分たちらしい料理や新しい食べ方を作り出したんですね。そこがおもしろい」。そう語るのは、アルト・アディジェの「シューネック」で修業し、郷土料理に感銘を受けたという北村征博シェフ。メニューは「食べたいものを食べたいときに」と、アラカルト中心。日本の食材を使いアルト・アディジェ料理の美味しさも際立たせる新たな料理は、イタリア人にも好評だそうだ。

右・「カネーデルリプレサーティ」¥1,600。カネーデルリは、パンに牛乳とさまざまな具材を加え、団子状にして調理した料理。ブロードと一緒に食べることもあるが、こちらは蒸すタイプ。表面を焼いて焦げ目をつけてから蒸して、チーズを振り、溶かしバターをかけて供する。細切りキャベツをクミン、白ワインビネガー等で和えたサラダはサイドメニューに欠かせない。左・「山菜のスペッツレ(コゴミ、シドケ、行者ニンニク、アイコ)」¥6,500の〝Ceneディナーコース。より。スペッツレは沸騰した湯に生地をポタポタと落として茹でるユニークなパスタ。

Guida 3

各州の料理に特化したオタクな店が意外とあるんです。というわけで、欲張って4軒紹介しちゃいます。

Emilia-Romagna エミリア・ロマーニャ州

イル ボッリート
新宿区若宮町5　☎03-3235-3225
営火〜金17:00〜翌2:00、土日15:00〜24:00　休月　http://ilbollito.blog.fc2.com/

■"美食の土地"を楽しく実感できる吟味された郷土料理の数々

イタリア半島の付け根辺りに位置するエミリア・ロマーニャ州は、パルマのプロシュートやパルミジャーノ・レッジャーノ、モデナのバルサミコ酢、ボローニャの畜肉加工品など数多くの特産品がある"美食の土地"。「イル ボッリート」はエミリア・ロマーニャの郷土料理に特化した店。メニューには、"美食の土地"ならではの魅力的な郷土料理が並ぶ。それらを、浅野拓也シェフはじめスタッフたちが、ときにはボード等を使ってわかりやすく説明してくれるのも楽しい。店名の"ボッリート"とは茹で肉のことで看板メニューのひとつ。小規模な生産者が造る個性豊かなワインとともに味わいたい。

右・「3種の茹で肉の盛り合わせ」¥1,980。60℃の低温で煮込んだ豚のフィレ肉、和牛の霜降りほほ肉の煮込み、1日煮込んだ厚切り牛タンの3種類。野菜のピクルスのみじん切りソース、マスタード風味のりんごのジャムのソース、4種のハーブのソースでいただく。ソースのバリエーションで飽きない一品。左・「赤牛パルミジャーノの白いプリン」¥880。生クリームとパルミジャーノでできた真っ白なプリン。プリンの周りはジャガイモのスープ、上にはSabaというブドウの果汁を煮つめた甘酸っぱいジュレがのせられる。焼きパルミジャーノも添えて。

Veneto ヴェネト州

リストランテ ステファノ
新宿区神楽坂6-47 照井ビル1F　☎03-5228-7515　営11:00〜15:00 (14:00L.O.)
18:00〜23:30 (22:00L.O.)　休火、水はランチのみ休　http://stefano-jp.com/wp/

■多様な地形と気候が生んだバラエティに富んだ食材が要

イタリア北東部に位置するヴェネト州は、アドリア海とアルプス連峰に挟まれ、その間にはヴェネト平野が広がる。多様な地形のため魚介、野菜、米、チーズなど特産物はバラエティ豊かだ。オーナーシェフのファストロ・ステファノさんはトレヴィーゾ出身。'99年に来日し、「カルミネ」で総料理長を務めた後、2004年にこちらをオープン。ここでは、そば粉のビゴリ、エスカベッシュなどヴェネトの伝統料理が楽しめる。欠かせないのがポレンタだ。「ヴェネトの人は"ポレントーネ"(ポレンタ喰い)と言われるほど(笑)よく食べます」。日本と同じく、食材に季節感があるのもヴェネトの魅力だ。

右・「手打ちタリオリーニ カニのトマトクリームソース」¥1,900。ヴェネツィアの人々はカニが大好き。カニは丁寧に殻を取り除くなどきれいに掃除をして煮込むので、雑味がなく香り豊かで旨みがたっぷりのソースに。左・「ヴェネツィア風干しダラのムース」¥1,600。ヴェネトで欠かせない食材の一つがバッカラ(干しダラ)。頻繁に水を取り替えながら1週間〜10日かけてもどし、皮や骨を取り除いてほぐし、茹でたジャガイモ、ニンニク、オイルを入れてホイップ。少量の牛乳を加えて乳化させるのが真っ白で滑らかなムースを作るポイント。

20州 ワイン銘品 カタログ

各地の郷土料理に合うワインを、州別にジローラモさんが選んでくれました。

Vino

Bianco
カンパニア州／ラ カーサ デッロルッコ「フィアノ ディ アヴェッリーノ D.O.C.G.」(フィアノ・ディ・アヴェッリーノ100%) 新鮮で フルーティ。魚介の前菜等に。¥3,500(ヴ)

Bianco
カンパニア州／ラ カーサ デッロルッコ「サンニオ ファランギーナ D.O.C.」(ファランギーナ100%) 爽やかな果実の香り。しっかりしたソースの冷製パスタに。¥2,800(ヴ)

Bianco
カンパニア州／アントニオ・カッジャーノ「グレコ ディ トゥーフォ デヴォン D.O.C.G.」(グレコ100%) 南国の花やアーモンドの花のような華やかな味わい。野菜料理に。¥3,100(オ)

Bianco
プーリア州／トゥッロ「ビアンコ・サレント」(トレッビアーノ50%、マルヴァジア40%、シャルドネ10%) 風味豊かな辛口。トマト料理や魚料理全般と好相性。¥1,100(日)

Bianco
アブルッツォ州／スピネッリ「トレッビアーノ・ダブルッツォ」(トレッビアーノ・ダブルッツォ100%) フレッシュでバランスのよい辛口。白身の肉料理、食前酒にも。¥1,100(日)

Bianco
カラブリア州／イッポーリト「レス・デイ・チロ・ビアンコ」(グレーコ・ビアンコ100%) トロピカルフルーツや白い花の香り。ミネラル感溢れる地中海らしいワイン。¥2,400(日)

Bianco
バジリカータ州／パテルノステル「ビアンコルテ」(フィアーノ100%) ふくよかなボディに爽やかな酸味が程よく調和している。ヒヨコ豆の料理と好相性。¥2,700(フ)

Bianco
サルデーニャ州／カンティナ アルジオラス「イス アルジオラス」(ベルメンティーノ100%) 仄かに大地の香りがする新鮮なアロマが。魚介や魚卵の料理に。¥4,000(ヴ)

Bianco
シチリア州／プラネタ「アラストロ」(グレニカニコ70%、グリッロ15%、ソーヴィニョン・ブラン15%) グレカニコ種特有のエレガントでバランスのよい味わい。¥3,200(日)

Bianco
トスカーナ州／フレスコバルディ「ポミーノ・ビアンコ」(シャルドネ、ピノ・ビアンコ主体) エレガントで力強い。野菜を使った前菜、アペリティーヴォにも。¥2,600(日)

Bianco
トスカーナ州／テヌータ・ディ・カペッツァーナ「シャルドネ・ビアンコ・ディ・トスカーナ」(シャルドネ100%) 香り豊かで爽やか。ハーブたっぷりの料理に。¥3,000(日)

Bianco
ラツィオ州／イタロ・マツィオッティ「フィロ・エスト・エスト・エスト」(プロカニコ65%、ホワイト・マルヴァジア20%、ロセット15%) 滑らかな口当たり。¥2,000(日)

Bianco
マルケ州／ヴィッラ・ブッチ「ブッチ・ヴェルディッキオ・クラッシコ・ディ・カステッリ・ディ・イエージ」(ヴェルディッキオ100%) 大樽で短期熟成で柔らかな味わい。¥3,600(ヴ)

Bianco
ヴェネト州／ゼナート(サン・クリスティーナ)「ルガーナ DOC ヴェネト マッソーニ」(トレッビアーノ・ディ・ルガーナ)ミディアムで滑らかな舌触りと味わい。¥3,300(ヴ)

Bianco
ヴェネト州／ゼナート「ルガーナ リゼルバ」(トレッビアーノ・ディ・ルガーナ100%) バランスの取れた蜂蜜と樽の上品な香り。舌触り滑らか。白身魚の刺身、すき焼きにも。¥6,000(ヴ)

Bianco
エミリア・ロマーニャ州／モンテ・デッレ・ヴィーニェ「ポエム。コッツィ・ディ・パルマ」(マルヴァジア・ディ・カンディア・アロマティカ100%) 豊かな香り。¥2,600(フ)

Bianco
リグーリア州／テッレ ビアンケ「アルカーニャ ビアンコ(V.D.T.)」(ピガート、ヴェルメンティーノ) 軽やかなフルーツの味わい。キムチやXO醤を使った料理にも。¥5,500(ヴ)

Bianco
リグーリア州／テッレ ロゼ「アチェルビーナ(V.D.T.)」(ルマッシナ100%) 上質な果実のまろやかなアロマ。白身魚との相性がいい。ブランダクイヨンと好相性。オープン価格(ヴ)

Bianco
トレンティーノ・アルト・アディジェ州／ティフェンブルナー「シャルドネ・リンティクラルス(D.O.C.)」(シャルドネ100%) 非常に豊かなシャルドネの香り。¥6,500(ヴ)

Bianco
フリウリ・ヴェネツィア・ジュリア州／コッラヴィーニ「ソーヴィニョン ブラン・フーマ」(ソーヴィニョン100%) きれいな味わい。ハムやコールドミートに。¥2,800(日)

お問合わせ先／(日)日欧商事　0120-200105　http://www.italiakara.jp／(ヴ)ヴィナリウス「100% G.T.T.C.S.」　http://www.kkvinarius.com

Bianco ロンバルディア州／フレッチャロッサ「シレリー」（ピノ・ネロ100％）後味がエレガント。シトラス、バルサミコの香りもあり。蒸し魚や鶏肉料理とも好相性。¥3,300（日）

Rosso カンパニア州／アントニオ・カッジャーノ「タウラージ D.O.C.G.」（アリアニコ100％）スパイスの複雑なニュアンスがあるエレガントな味わい。濃厚なラグーにも。¥6,400（オ）

Rosso プーリア州／ブリッコ・アル・ソーレ「プリミティーヴォ・サレント」（プリミティーヴォ100％）滑らかで温かみのあるフルーティな味わい。パスタ、肉料理、チーズにも。¥1,350（日）

Rosso アブルッツォ州／バルバ「ヴィンニャフランカ」（モンテプルチアーノ・ダブルッツォ100％）ふくよかな果実の味わい、魅惑的な香辛料の香りがローストした肉料理と。¥2,900（日）

Rosso カラブリア州／イッポーリト「リベル・パーテル・プロ」（ガリオッポ100％）野生のベリーやスミレ、スパイスの香りが複雑に絡み合う。肉料理全般、熟成チーズに。¥2,400（日）

Rosso バジリカータ州／マストロドメニコ「モス」（アリアニコ100％）スパイシーでドライな味わいが特徴。バランスがよく、軽やかなので幅広い料理に合わせられる。¥2,500（日）

Rosso モリーゼ州／クラウディオ・チプレッシ・ヴィニャイオーロ「マッキアロッサ 2009」（ティンティリア100％）タンニンと酸味のバランスがよくローストした羊や子山羊に。¥3,900（日）

Bianco ピエモンテ州／ブロリア「ラ・メイラーナ。ガヴィ・デル・コムーネ・ディ・ガヴィ」（コルテーゼ）フレッシュでフルーティな香り、ドライでアーモンドの味わい。¥3,000（日）

Rosso サルデーニャ州／アルジオラス「トゥリガー」（カンノナウ主体）まろやかで力強い味わいと洗練された香り。赤身肉や仔豚のロースト、和牛のすき焼きにも。¥13,000（ヴ）

Rosso シチリア州／プラネタ「ラ・セグレタ・ロッソ」（ネロ・ダヴォラ50％、メルロー25％、シラー20％、カベルネ・フラン5％）滑らかでドライ、後味も心地よい。¥2,000（日）

Rosso トスカーナ州／フレスコバルディ「ニポッツァーノ・リゼルヴァ」（サンジョヴェーゼ、補助品種）活き活きとしたミネラル感あり。熟成チーズに。¥3,500（日）

Rosso ラツィオ州／ポッジョ・レ・ヴォルピ「バッカロッサ」（ネーロ・ブオーノ100％）凝縮感のある味わい、ビロードのような口当たり。ジビエや赤身の肉のローストに。¥3,900（フ）

Rosso マルケ州／ヴィッラ・ブッチ「テヌータ・ポンジェッリ」。ロッソ・ピチェーノ（モンテプルチアーノ、サンジョヴェーゼ）バランスがよくリッチな味わい。¥3,600（日）

Rosso ウンブリア州／テヌータ・カステルブオーノ「ジッグラット」（サンジョヴェーゼ70％、サグランティーノ15％、カベルネ、メルロー15％）肉料理、スカモルツァに。¥2,500（日）

Bianco ヴァッレ・ダオスタ州／レ・クレーテ「シャルドネ・キュヴェ・ボワ・ヴァッレ・ダオスタ」（シャルドネ100％）しっとりした果実味、複雑な味わいが魅力。¥7,800（テ）

Rosso エミリア＝ロマーニャ州／モンテ・デッレ・ヴィーニェ「ロッソ・コッリ・ディ・パルマ」（バルベラ75％、ボナルダ25％）スパイスやブラックベリーの風味。¥2,600（フ）

Rosso トレンティーノ＝アルト・アディジェ州／J.ホフスタッター「ステインラッフレール・ラグレイン（D.O.C.）」（ラグレイン100％）滑らかで洗練された味わい。¥6,500（ヴ）

Rosso フリウリ・ヴェネツィア・ジュリア州／コッラヴィーニ「カベルネ・ロンカッチョ」（カベルネ・ソーヴィニョン100％）ジビエ料理や熟成タイプのチーズとも好相性。¥2,700（日）

Rosso ロンバルディア州／フレッチャロッサ「ジョルジョ・オデロ」（ピノ・ネロ100％）バランスのよい余韻が長く楽しめる。羊のチーズ、煮込みの肉料理にも。¥7,400（日）

Rosso ピエモンテ州／カステッロ・ディ・ネイヴェ「イ・コルティーニ」（ピノ・ネロ100％）ラズベリージャムやヴァニラの香り、滑らかな味わい。肉料理やチーズに。¥4,200（日）

Rosso ヴァッレ・ダオスタ州／ラトエヨ「プティ・ルージュ」（プティ・ルージュ100％）野バラとスミレの香り。滑らかで飲みやすい。ジビエ料理や濃厚なチーズ料理にも。¥3,500（日）

（フ）：フードライナー　http://www.foodliner.co.jp/　（テ）：テラヴェール　https://www.terravert.co.jp/　（オ）：オーデックス・ジャパン　☎03-3445-6895
※価格は2016年6月時点の税抜き価格です。

ちょっとオタクな材料の作り方

マヨネーズ、パスタ……
手作りすれば、もっと本場の味に近づきます！

イタリア風パン粉

●材料：パン（粘りけの少ない歯切れのよいもの）

1. 1cmくらいの厚さにスライスし、予熱なしのオーブン（約120℃）で約1時間、焼き色をつけずに乾燥焼きにします。

2. ①が冷めたらフードプロセッサーに手で割り入れて粉砕します。

3. ②を粗めのザルでふるい、ザルに残ったものをフードプロセッサーにかけてまたふるう作業を数回繰り返します。

マヨネーズ

●材料

卵黄	2個分
オイル	150ml
レモン汁	約大さじ2（ヴィネガーでも可）
塩	適量

1. 材料はすべて常温にしておきます。
2. 卵黄に塩を加え、絶えずかき混ぜながらオイルを少量ずつ足していきます。
3. 硬くなったらレモン汁（ヴィネガーでもよい）を加えて、さらに残りのオイルを加えて混ぜれば完成。バーミックスを使って一気に混ぜてもよい。

セミドライトマト

●材料：プチトマト　　　　　　　　　　　　　　　適量

1. プチトマトをよく洗ってヘタを取り、水けを十分に拭き取ったら半分にカットします。
2. 天板にクッキングペーパーを敷き、切り口を上にして並べます。
3. 予熱をしないオーブンを120～140℃に設定して1時間強乾燥焼きにします。焼きあがったらそのままオーブン内で冷まします。保存も可能。トマトの凝縮した旨みと風味をより楽しむことができます。

手打ちパスタの基本形

●材料（4人分）：卵2個（約105g）、小麦粉200g

1. 台の上に小麦粉をふるいながら泉のような形を作ります。その中央に卵を入れてフォークでよく溶き、周りの小麦粉を取り込みながら手早く混ぜていきます。水は不要。

2. だいたい混ざってきたら、スケッパー等を使って、手早くさらによく混ぜ合わせ、周りの小麦粉がなくなったら手でこねていきます。

3. 打ち粉は不要。力を入れすぎず30回ほど押すように練ります。まとめたら乾燥しないようにボウルで覆うなどして5分ほど休ませます。

4. 90度ずつ生地を回しながら伸ばしていくと円形に伸ばせます。端だけ薄くならないように、めん棒を最後まで押し切らないのもポイントです。

5. 途中で生地を持ち上げて透かしてみると、厚いところと薄いところが確認できます。微調整しつつ均一になるように伸ばしていきます。

6. 向こうが透けて見えるくらいの薄さになったら、クロス等の上に広げて表面を軽く乾燥させます。あとは作りたいパスタに仕上げます。

タッコネッレ

●材料（4人分）

セモリナ粉	200g
卵	2個
塩	小さじ1/2
打ち粉	適量

1. 材料を合わせてしっかり捏ね、滑らかになるまで練ったらラップで包んで1時間ほど休ませます。その後、生地を均一になるように薄めに伸ばします。

2. 4〜5cm角の四角形にカットしたら布巾の上に並べて表面を軽く乾燥させます。乾燥したら、塩（分量外）を加えた湯で茹でます。約2分、浮いてきたらすくい取ります。

トロフィエ

●材料（2人分）

セモリナ粉	100g
湯	50cc
塩	ひとつまみ

1. ボウルにセモリナ粉と塩を入れて混ぜたら、湯を少しずつ加えながら手で混ぜ合わせていきます。まとまったら取り出し、掌の付け根を使ってしっかり15分ほど捏ねます。

2. 伸ばした生地が自然に戻るようになったらラップで包み約1時間休ませます。指先くらいの大きさに切り分け、菜箸を生地にあてて引くようにしてくるりとねじります。

ちょっとオタクな食材入手先リスト

この本では作りやすさよりもイタリアの地方の味を出すことに力を入れたので、
簡単に手に入らない食材を使っていることも……。
そんな食材を日本でも購入できるところを編集部が探してきました！

・イタリア野菜
スカローラ、フリアレッリ、カボロネーロ、プンタレッラなど

テヌータ・カンピ・フレグレイ

貴久子さんの友人でナポリ出身のシルビオさんが運営する福岡の農園。イタリア野菜などを無農薬・減農薬で作っています。直営店舗「A.PUTEC（アプテカ）」は福岡にありますが、インターネットでも購入可能。旬の野菜7～9品とパスタもしくはお米のセット、どちらも¥3,240（税込・送料別）。※季節により野菜の種類・品数は変更になります。バジリカータ州「詰め物入りチキンのスープ」に使ったスカローラ、フリアレッリ、カボロネーロは冬が旬、ラツィオ州「プンタレッラのサラダ」のプンタレッラは春が旬です。【直営店舗】A.PUTEC　福岡県福津市奴山1213-2('16年までの住所。'17年に福津市渡字梅津153番地に移店予定）　☎080-3227-0599　営業時間／土・日（12:00～17:00）不定休【オンラインショップ】http://tcf-a.net/online/

・仔豚
・トリッパ
・ウサギ

グルメソムリエ

㈱グルメミートワールドが運営するオンラインショップ・グルメソムリエ。生ハムやチーズから、ウサギ、ジビエなど手に入りづらいものまで幅広く取り扱っています。ウンブリア州「ポルケッタ」で使用したのは「スペイン産仔豚（コチニージョ）」¥20,000。モリーゼ州「ウサギのソースのタッコネッレ」は「ラパン骨付きモモ肉（ウサギ）」¥985を使用。「トリッパ（牛ハチノス）国産」¥960も取り扱いあり。http://www.gourmet-world.co.jp

フェルミエ

チーズ専門店、フェルミエでは200種類以上ものヨーロッパ産チーズを空輸、販売しているほか、日本で作られているチーズも販売しています。【直営店舗】フェルミエ愛宕店　港区愛宕1-5-3 愛宕ASビル1F　☎03-5776-7720　営業時間／11:00～19:00　定休日／日祝（場合によって営業あり）、年末年始および夏季休業日　※他にも、渋谷東急百貨店内などにもショップあり。取扱商品は店舗によって異なりますので購入希望の場合はお問い合わせください。【オンラインショップ】https://www.fermier.co.jp
※写真（右）はイメージ写真です。

・スカモルツァ
・カチョカバッロ
・モンターズィオ
・フォンティーナ

日進ワールドデリカテッセン

都内で輸入食材を買うならこちらがお勧め。野菜やパスタ、肉加工製品の種類も多く、基本的な材料もこちらで揃います。カンパニア州「海藻入りツェッポレッレ」で貴久子さんが使用した、カプート社の「イタリア"00"粉」、プーリア州「カルテッラーテ」で使用したカロジューリ社のヴィンコットと同じものを扱っています。港区東麻布2-34-2 ☎03-3583-4586 営業時間／8:30〜21:00 無休

- ブルグール
- イタリア"00"粉
- バッカラ
- ボッタルガ
- ファッロ
- トロフィエ
- ヴィンコット

- ンドゥイヤ
- ポレンタ

モンテ物産

1977年創業のイタリアワイン、イタリア食材の専門商社。ヴェネト州の撮影で貴久子さんが使用した、モレッティ社の「ポレンタ・ベルガマスカ」と「ポレンタ・ビアンカ」、カラブリア州の撮影で使用したサン・ヴィンチェンツォ社の「ンドゥイヤ」を取り扱っています。ショールーム兼ショップもあるので、一般の方も簡単に購入できます。【東京支店】☎0120-348566 【ショップ】イタリアンショップPicco 渋谷区神宮前5-52-2 青山オーバルビルB1 ☎03-5466-4535 営業時間／10:30〜17:15 定休日／土日祝

タルタルーガ

- フレゴレ

イタリアのワインや食材を主に取り扱うサイト。サルデーニャ州「フレゴレの海の幸和え」で使用した、ラ・カサ・デル・グラーノ社の商品を取り扱っています。フレゴラ￥670（税込・送料別）。http://www.rakuten.ne.jp/gold/tartaruga/

光が丘興産株式会社

- 黒ヒヨコ豆

事業のひとつとして、イタリアから食品やワインを輸入して販売している会社。ヒヨコ豆はイタリア全土でよく食べられる食材のひとつですが、そんなイタリアでも珍しいという"黒"ヒヨコ豆を購入できます。貴久子さんも実際にこちらから取り寄せたものを使って、バジリカータ州「ヒヨコ豆とエビ・イカのズッパ」を作りました。￥800（1袋・送料別）宅配便・代引きのみ。食品部直通☎03-5372-4619

鳥新

- ミルクラム

ミルクラム（乳飲み仔羊）はこちらから取り寄せました。創業120年の老舗鶏肉専門店ですが、ヨーロッパの食材も豊富に取り揃えています。ハンガリー産ミルクラム￥5,500/kg（宅配便・代引きのみ、解体作業は行っていません）http://www.torishin.jp/ ☎03-3962-2371

ミルトス

- リコッタアッフミカータ

リコッタチーズは日本でもメジャーになってきましたが、燻製（アッフミカータ）したものはまだ珍しいようです。イタリア食材を主に輸入している会社、ミルトスで取り扱いあり。通常、業務用での購入のみ。一般の方は宅配便・代引きでのみ可能。☎044-870-9818

※価格は2016年6月時点のものです。■特に明記のないものは税抜き価格です。

【INDEX】こんな時は、この料理

●ちょっとつまみながらワインを飲みたい！

・海藻入りツェッポレッレ	11
・ムール貝の胡椒蒸し	12
・ナポリ名物シラス焼き	17
・カリカリ イカ＆カリカリ タコ	20
・シラスのマリネ	28
・スカモルツァのグリル	41
・ヴィンチェンツォのブルスケッタ	41
・ボッタルガのサルデーニャ風クロスティーニ	44
・アスコラ風オリーブのフライ	64
・貝のポルケッタ	65
・ヴェネツィア風カニサラダ	81
・ブランダクイヨン	88
・厚焼きフリコ	94
・薄焼きフリコ	94
・そば粉のおつまみ〝シャット〟	97

●野菜が美味しい季節がやってきたら……

・ズッキーニのパスタ	10
・シシトウのソテー	13
・パプリカのソテー	14
・ナスのスカルポーネ	16
・カラブリア風ポテトとパプリカ炒め	31
・セモリナ和え空豆	45

・カポナータ	50
・オーブン焼きトマト和えパスタ	72
・アスパラガスのビスマルク風	80

●さっぱりサラダが食べたい！

・西洋ワサビ入り豆のサラダ	34
・ジャガイモとケイパーのシチリア風サラダ	50
・ファッロサラダ	56
・プンタレッラのサラダ	61
・ドジョウインゲンのサラダ	67
・レンズ豆のサラダ	67
・キャベツのサラダ	91
・ゴンザガ風チキンサラダ	97
・アオスタ風サラダ	104

●おもてなしディナーに

・バーリ風ティエッラ	22
・アブルッツォ風クレープのティンバッロ	26
・ヒヨコ豆とエビ・イカのズッパ	34
・フレゴレの海の幸和え	44
・イワシのベッカフィーコ（ムシクイもどき）	49
・白身魚とポテトのオーブン焼き	62
・ヴェネツィア風レバーソテー	78
・イカの墨煮と白ポレンタ	79

・ロマーニャの薔薇	85

●ちょっと変わったパスタで驚かせたい

・ナポリ風タコのトマト煮和えスパゲッティ	14
・菜の花和えオレッキエッテ	22
・キタッラのパプリカ・ラムソース和え	27
・ウサギのソースのタッコネッレ	40
・ピスタチオとヴォンゴレのソース和えパッケリ	48
・ポテトニョッキのローマ風トリッパの煮込み和え	61
・ガルダ湖風パスタ	72
・フランシスコ会のパスタ	73
・メカジキとトラパニペースト和えパスタ	74
・鶏のラグーヴェルデ	75
・プロシュートとルッコラのガルガネッリ	84
・ホウレン草のスペッツレ	91
・カボチャのニョッキ	95
・ファヴォー	105

●とにかく肉が食べたい！

・アロスティチーニ	25
・カラブリア風ポークソテー	30
・カラブリア風鶏のカッチャトーラ	31
・ラムレッグのマリネ	38
・ポルチーニ添えタリアータ	58
・アバッキオ ア スコッタディート	61
・ポルケッタ	67
・牛肉のブラサート	98
・トンナート（仔牛のツナソース）	101

●小腹が空いたときに

・馬車に乗ったモッツァレッラ	18
・アンナ・リーザのフォカッチャ	23
・ラファナータ	37
・ファリナータ	89

●寒い日はあったかほっこり料理で温まりたい

・アブルッツォ風クレープのウブッセ	26
・詰め物入りチキンのスープ	36
・カラバッチャ	59
・カネーデルリ	91
・グロースツル	91
・ヨータ	94
・ヴァルペッリーナ風スープ	102
・焼きポレンタのフォンドゥータがけ	104

●定番イタリアンを極めたい

・タリアテッレのボロニェーゼ	84
・ジェノヴァペスト和えパスタ	88
・ミラノ風カツレツ	97
・白トリュフのリゾット	100
・トリュフとスクランブルドエッグ	100

●やっぱりドルチェ！！

・ババ	19
・カルテッラーテ	23
・ピスタチオのケーキ	51
・昔風パンナコッタ	101

著　者	パンツェッタ貴久子

イタリア家庭料理研究家、翻訳家／1960年生まれ。多摩美術大学日本画科卒業後、'86年渡伊。ナポリ国立カポディモンテ磁器学校で学ぶ。'88年にナポリ出身のパンツェッタ・ジローラモ氏と結婚。パンツェッタ家やイタリア各地で伝統的な家庭料理や食文化を学ぶ。ボローニャ・シミリ料理コースにてディプロマを受ける。日本での活動に対して'00年、ヴェローナ市よりジュリエッタ賞を贈られる。著書に『パンツェッタ貴久子の野菜でパスタ』（宝島社）ほか多数。女性誌『HERS』で'14年4月号から、連載「ちょっとオタクなイタリア料理」をスタート。'16年4月号からは連載「Street Foodもイタリア主義！」でイタリア各地のストリートフードを紹介している。

撮影	牧田健太郎、よねくら りょう
デザイン	深谷則夫
フードスタイリング	新井美代子
料理アシスタント	太田晶子
取材・文	齊藤素子
地図製作 (P.8)	地図屋もりそん
編集	永見 理、川原田朝雄

HERS book

全20州。あなたの知らない美味しいレシピがきっと見つかる！

ちょっとオタクなイタリア料理

2016年6月20日 初版1刷発行

著　者	パンツェッタ貴久子
発行者	平山 宏
発行所	株式会社 光文社
	〒112-8011　東京都文京区音羽1-16-6
	編集部　　03-5395-8234
	書籍販売部　03-5395-8116
	業務部　　03-5395-8125
	光文社　　http://www.kobunsha.com/
	HERS　　http://hers-web.jp/
印刷・製本	共同印刷株式会社

落丁・乱丁本は業務部へご連絡くださされば、お取り替えいたします。

JCOPY 〈(社)出版者著作権管理機構　委託出版物〉
本書の無断複写複製（コピー）は著作権上での例外を除き禁じられています。本書をコピーされる場合は、そのつど事前に、(社)出版者著作権管理機構（電話：03-3513-6969　e-mail：info@jcopy.or.jp）の許諾を得てください。

本書の電子化は私的使用に限り、著作権法上認められています。
ただし代行業者等の第三者による電子データ化及び電子書籍化は、いかなる場合も認められておりません。

©Kikuko Panzetta 2016 Printed in Japan
ISBN 978-4-334-97875-4